Rosenberg
Steins
GEILSDORF
SCHWAND
PIRK
Ruderitz
GROSSZÖBERN
Berglas
Schwarzen-
reuth
(Ramolds-
reuth)
(Markus-
grün)
Engelha rdtsgrün
Zettlarsgrün
Rudenitzberg
Eichelberg
Birkenwäldchen

Die Deutsch-Deutsche Grenze

Eine Dokumentation

von Ingolf Hermann

Von Posseck bis Lehesten, von Ludwigsstadt nach Prex.

Vogtländischer Heimatverlag Neupert

Plauen

Vor- und Nachsatz:
Arbeitskarte eines Grenzbeauftragten des Ministeriums für Staatssicherheit, Landkreis Plauen. Durch Zufall entging diese Karte der allgemeinen Vernichtung. Die Landkreise werden so bezeichnet, wie sie vor der im Jahr 1994 durchgeführten Kreisreform existierten.

Seiten 24 und 25: Abbildungen der militärischen Abzeichen entnommen aus: „Militärische Abzeichen der DDR", Militärverlag der DDR.

Alle anderen nicht bezeichneten Fotos stammen aus dem Archiv des Neupert-Verlages.

Erschienen im © Vogtländischen Heimatverlag Neupert
Klostermarkt 9
08523 Plauen/Vogtland
Telefon/Fax: (0 37 41) 22 68 20

1. Auflage 1995

Gesamtherstellung: SATZART Plauen

ISBN 3-929039-47-8

Inhalt

Geleitworte . . . 4
Jahre danach – Versuch einer Aufarbeitung . . . 7
Die Nachkriegsordnung für Deutschland wird bestimmt . . . 9
Die Münchner Ministerpräsidentenkonferenz 1947 . . . 11
Die Währungsreform 1948 . . . 13
Grenztruppen der UdSSR . . . 16
Die Bildung von Grenzpolizeiformationen in den Besatzungszonen auf Länderebene . . . 16
Freiwillige Helfer der Grenztruppen der DDR (FHG) . . . 28
Deutsche Volkspolizei (DVP) . . . 30
Freiwillige Helfer der Deutschen Volkspolizei (VP-Helfer) . . . 31
Ministerium für Staatssicherheit (MfS) . . . 31
Zollverwaltung der DDR . . . 35
Luftstreitkräfte/Luftverteidigung der NVA . . . 36
Gruppe der sowjetischen Streitkräfte in Deutschland . . . 37
Bataillonssicherung . . . 37
Polenkrise . . . 40
Variante Grenzregime 1985 . . . 43
Gefechtsmäßige Grenzsicherung . . . 50
Verordnung des Ministerrates – Grenzgesetz – Grenzverordnung – Grenzordnung . . . 51
Grenzgebiet . . . 53
Grenzverkehr . . . 54
Grenzmarkierungen – Grenzpfähle – Grenzsteine – Grenzsäulen . . . 64
Propagandaschilder . . . 66
Informationstafeln . . . 67
Kontrollstreifen – Stacheldraht – Minen . . . 71
Selbstschußanlagen . . . 72
Kfz-Sperrgraben . . . 74
Kolonnenweg . . . 80
Beobachtungstürme . . . 80
Führungsstellen . . . 81
Signalgeräte . . . 82
Hundelaufanlagen . . . 83
Grenzsignalzaun . . . 83
Scheinwerfer – Lichttrassen . . . 84
Grenzmeldenetz – Funkgeräte . . . 94
Kontrollstellen, Sperren und Hundelaufanlagen der Deutschen Volkspolizei . . . 95
Beschilderung der Sperrzone . . . 96
Opfer . . . 99
Versuch einer Rechtfertigung . . . 102
Die wir gerufen haben . . . 104
2d Armored Cavalry Regiment . . . 107
Bundesgrenzschutz (BGS) . . . 109
Grenzzolldienst . . . 110
Bayerische Grenzpolizei . . . 111
Standortverteilung Grenzregiment Plauen August 1989 . . . 115
Reformierungsversuch . . . 117
Verwendung der Kasernen des Grenzregiments Plauen Stand September 1995 . . . 124

Zum Geleit

der Dokumentation über das Grenzregime der DDR „Die Deutsch-Deutsche Grenze“

Flüsse, Gebirge, Wüsten und Ozeane trennen Kontinente, Länder und Regionen. Hecken und Gartenzäune signalisieren, daß der Privatbereich von Bürgern beginnt. All diese Grenzmarkierungen bedeuten Trennung, beinhalten aber die Möglichkeit, jederzeit Kontakt aufzunehmen.

Im Laufe der Menschheitsgeschichte sind die natürlichen und territorialen Grenzen durch die Entwicklung des Verkehrswesens, der Telekommunikation und auch durch die Erfahrungen schrecklicher Kriege immer durchlässiger geworden.

Jüngstes Beispiel dafür ist der Euro-Tunnel zwischen England und Frankreich.

Die vorliegende Dokumentation unternimmt erstmals den Versuch, die Entstehung, den Ausbau und die Überwindung der schrecklichsten von Menschenhand errichteten Grenze in Europa zu skizzieren.

Im Ergebnis des 2. Weltkrieges wurde mit diesem künstlichen Gebilde nicht nur die deutsche Nation geteilt, sondern gleichzeitig eine ideologische Bastion zweier gegensätzlicher Weltanschauungen geschaffen.

Die Dokumentation verweilt bei den wohl grausigsten Auswüchsen des Grenzregimes, den Todesschüssen, schildert aber auch Menschenschicksale des Alltags und erschließt bisher kaum bekannte Archivmaterialien und zahlreiche Fotografien.

Neben der historischen Aufarbeitung einer 45jährigen Entwicklungsetappe in Deutschland soll durch Erinnerung ein „Vergessen“ verhindert werden. Denn durch das Grenzregime wurden ganze Generationen beeinflußt, und es brachte großes Leid für viele Familien. Diese Schicksale und deren Folgen, die bis in die Gegenwart reichen, dürfen nicht verblassen. Dazu tragen sicherlich das Deutsch-Deutsche Museum in der Gemeinde Mödlareuth und auch das Projekt des Landkreises Plauen, in der ehemaligen Grenzkaserne in Gutenfürst eine Erinnerungsstätte und eine Jugendherberge einzurichten, bei.

Europa wächst zusammen, wir brauchen keine Grenzen.

Dies mahnt die vorliegende Dokumentation sehr eindringlich an.

Ralf Strobel
Landrat des Landkreises Plauen

Zur Erinnerung

Fährt man heute auf der A 72 oder über die B 173 in Richtung Süden, so wird der uneingeweihte Fahrer heute nach 5 Jahren kaum noch Anzeichen wahrnehmen, welche auf die Existenz einer Grenze hinweisen, die 45 Jahre eine Nation teilte und gleichzeitig ein ideologisches Bollwerk, die Nahtstelle zweier Gesellschaftssysteme, war. Abseits der Hauptstraße findet man noch hier und da Reste von Kolonnenwegen oder von Betonteilen des Kfz-Sperrgrabens. Aus Beton gebaut, für die Ewigkeit gedacht, holt sich die Natur ihr zerstörtes Terrain wieder zurück.

Zu den Ereignissen verblaßt aber auch die Erinnerung der Menschen an das tausendfache Leid, an die Todesschüsse, die Unmenschlichkeit dieses Systems, welches letztlich an seinem eigenen Bollwerk zerbrach.

Gegen das Vergessen, zur steten Mahnung und im Gedenken an die Opfer und Toten dieser Mauer legt der Verlag dem Leser diese Dokumentation vor.

Das Wertvollste, was der Mensch besitzt, ist die Freiheit.

Allen, die das Projekt unterstützten oder förderten, möchte ich meinen Dank aussprechen. Dies gilt besonders für Herrn Arndt Schaffner, Leiter des Deutsch-Deutschen Museums Mödlareuth, der mit dem umfangreich zur Verfügung gestellten Bildmaterial erst eine plastische Darstellung dieser Dokumentation ermöglichte und der Fa. Satzart, die mit der Gesamtherstellung dieses Buches betraut wurde.

Dem Landrat des Kreises Plauen Ralf Strobel und seinen Mitarbeitern, sowie allen anderen, die das Projekt mit begleiteten, möchte der Verlag ebenfalls auf diesem Wege danken.

Plauen im Oktober 1995

J. Curt Röder (Herausgeber)

Deutsch-Deutsches Museum Mödlareuth

„In unser Haus geht's durch die Tür, nicht durch die Wand ..." – ein DDR-Propagandaspruch vergangener Tage. Die Tür ging für die meisten nur in einer Richtung auf, und die Wand bestand aus fensterlosen Mauern, aus Zäunen und Stacheldraht. Das in der Verfassung der DDR garantierte Grundrecht auf Freizügigkeit wurde nach Belieben der Machthaber interpretiert. Und man muß es wohl als Zynismus der besonderen Art werten, wenn die Verantwortlichen jene als „selbst schuld" bezeichnen, die an dieser Grenze zu Tode gekommen sind. Ganz zu schweigen von den Tausenden, die unter dieser Teilung psychisch gelitten haben oder daran zugrunde gegangen sind.

Wir dürfen aber auch nicht vergessen, daß die deutsche Teilung letztendlich eine Folge der 12jährigen Naziherrschaft war. Für die früher im Westen gerne als „Brüder und Schwestern in der Ostzone" bezeichneten DDR-Bürger reihte sich ein totalitäres Regime an das andere, folgten nahtlos den ersten 12 weitere 40 Jahre. Sicher nicht vergleichbar, aber mit vielen Parallelen.

Um die Befindlichkeiten der DDR-Bürger haben wir uns in der Bundesrepublik reichlich wenig gekümmert, und der Bürger im Osten ließ sich wohl vielfach vom Glamour westlichen Konsums blenden. Vierzig Jahre des Auseinanderlebens, die Tragweite wird uns erst heute so richtig bewußt. Eine Teilung, deren Folgen wohl noch eine ganze Generation beschäftigen wird.

Die sichtbaren Grenzen sind verschwunden, geblieben sind die vielzitierten „Mauern in den Köpfen". Mauern, die vielfach aus Klischees bestehen, Klischees, die sich nur durch die sachliche Auseinandersetzung mit unserer jüngsten Geschichte abbauen lassen. Nicht einseitig, sondern gemeinsam und ohne Ausgrenzung, auch denen gerecht werdend, die dem Staat DDR in gutem Glauben gedient haben. Die Grenzen zwischen Tätern und Opfern sind dabei naturgemäß sehr diffus.

Die Zeit für diese Auseinandersetzung sei noch nicht reif, meinen manche. Wir meinen, jeder Tag, der ohne sie verstreicht, ist ein verlorener Tag.

Arndt Schaffner
Geschäftsführender Leiter

Vorwort

Immer wieder wird die Forderung erhoben, die Vergangenheit zu bewältigen. Eine schwierige Aufgabe, der sich schon viele Politiker, Wissenschaftler, Künstler und andere Menschen verschrieben haben.

Vergangenheitsbewältigung ist eng mit der Geschichtsschreibung verbunden. Menschen, die durch die jeweilige Geschichte geprägt wurden oder sie selbst mitgestaltet haben, hatten oftmals nicht die Gelegenheit, sich im nachhinein zu äußern, besonders dann, wenn sie nicht auf der Siegerseite der Geschichte standen.

Das Buch „Die Deutsch-Deutsche Grenze“ ermöglicht dies. Es behandelt einen Zeitabschnitt deutscher Geschichte, der durch vielfältige Ereignisse in den letzten etwa 50 Jahren geprägt wurde.

Als eine wesentliche Schlußfolgerung ist die Tatsache anzusehen, daß nach einem verlorenen Krieg immer die Siegermächte den Verlauf der Nachkriegsentwicklung bestimmen. Dies kann für das jeweilige Volk, das den Krieg verloren hat, mit vielen Komplikationen verbunden sein. Jahrzehnte kann es dauern, bis ein solcher Zustand überwunden ist.

Wurzbach/Thür. im Oktober 1995
Ingolf Hermann

Am Zustandekommen dieser Dokumentation hatten u. a. Anteil:

DEUTSCH-DEUTSCHES MUSEUM MÖDLAREUTH
Herr Arndt Schaffner
Herr Robert Lebegern M. A: wissenschaftlicher Angestellter
Bundesarchiv Militärisches Zwischenarchiv Potsdam
Oberregirungsrat Max Sommerer, Vorsteher des Hauptzollmantes Hof
Polizeihauptkommissar in BGS und Diplomverwaltungswirt
Reinhard A. Kilian, Coburg
Polizeihauptkommissar in BGS und Diplomverwaltungswirt
Hans-Jürgen Schmidt, Coburg
Herr Kumberg; Frau Felge
Polizeihauptkommissar Martin Weber, Ludwigsstadt, ehemaliger Angehöriger der Bayerischen Grenzpolizei
Joachim Vollert, Trogen, ehemaliger Angehöriger der Bayerischen Grenzpolizei
Dieter Kaiser, ehemaliger Offizier des First Battalion Bindlach
des 2d Armored Cavalry Regiment

Weiterhin gilt der Dank:
Herr Uwe Hoppe
Frau Marion Gartz
Frau Brigitte Hamann
Frau Ingrid Horn
Familie Totzauer

Jahre danach – Versuch einer Aufarbeitung

Einführung

Es ist Frühling. Das Leben in der Natur erwacht. Die Menschen zieht es hinaus ins Freie. Ein Spaziergang bietet sich an, um die Natur und so manches andere zu entdecken. An diesem Tag sind es viele, die auf der Straße zwischen Gassenreuth und Gattendorf entlanggehen. Anhand der Autokennzeichen kann man feststellen, wo sie herkommen. So ist zu lesen: Oelsnitz im Vogtland, Plauen, Chemnitz, Hof, Wunsiedel, Nürnberg und Berlin. Nationalitätskennzeichen weisen auf Polen und die Niederlande hin.

Was ist das Interessante an dieser Region – mitten in Deutschland? Bieten der Hunsrück, der Schwarzwald,die Insel Rügen oder die Lausitz nicht sehenswertere Dinge?

Antwort auf diese Frage können Granitsteine geben. Auf einer Seite sind die Buchstaben KB und auf der anderen Seite KS eingemeißelt. Andere würfelförmige Granitsteine sind mit der Inschrift DDR versehen. Die Initialen stehen für Königreich Sachsen, Königreich Bayern und Deutsche Demokratische Republik. In der Nähe von Gassenreuth befinden sich auf einer Anhöhe westlich der Straße in Richtung Sachsgrün Reste eines kreisförmigen Fundamentes aus Beton. Es hat einen Durchmesser von etwa einem Meter. Mittlerweile ist es von Gestrüpp überwuchert.

Entlang der Straße in Richtung Gattendorf weisen Schilder auf ein Naturschutzgebiet hin.

Fahrspurplatten, die sich beidseitig von der Straße befinden, sind ebenfalls von Gestrüpp überwachsen.

Unterbrochene Straße Gattendorf Oelsnitz i. V. vor 1989

Foto: Schaffner

Im nahegelegenen Hochwald unweit eines Granitsteines mit den bereits genannten Initialen steht eine Hütte. Tür, Fenster und Rauchabzug sind unschwer zu erkennen.

Diese wenigen Sachzeugen sind erhalten geblieben. Sie veranschaulichen einen Teil der deutschen Geschichte. In diesem Jahrhundert bestand Deutschland vierzig Jahre lang aus zwei Staaten. Man sucht dafür nach Antworten. Die Dokumentation „Die Deutsch-Deutsche Grenze“ ist bemüht, Antworten zu finden. Sie erhebt keinen Anspruch auf Vollständigkeit.

Zollhütte unweit Gassenreuth

Foto: Hermann 1993

Die Nachkriegsordnung für Deutschland wird bestimmt

Als am 1. September 1939 deutsche Soldaten die Grenze zu Polen überschritten hatten, konnte noch keiner ahnen, was im Mai 1945 passieren würde. Die schnellen Anfangserfolge Deutschlands und seiner Verbündeten in diesem Krieg ließen zunächst eine Unbekümmertheit auf der Seite der Deutschen aufkommen. Oftmals war auch Resignation bei den Gegnern zu verzeichnen. Manche dachten, daß Deutschland nicht noch einmal einen Weltkrieg beginnen würde. Andere spekulierten auf einen schnellen Sieg der deutschen Truppen und die Weltherrschaft Deutschlands. Der weitere Verlauf des Krieges zeigte aber, daß sich Kräfte formierten, die sich Deutschland erfolgreich entgegenstellten. Trotz gegensätzlicher politischer, militärischer und wirtschaftlicher Zielstellungen war es möglich geworden, daß sich die Vereinigten Staaten von Amerika, das Vereinigte Königreich von Großbritannien und Nordirland, die Sowjetunion, Frankreich und weitere Staaten zur Antihitlerkoalition zusammenschlossen.

Wenn es Entscheidungen zu treffen galt, war man um Kontakte auf höchster Ebene bemüht. Eine solche Entscheidung war die Eröffnung der zweiten Front in Westeuropa. Dies wurde durch die Alliierten auf der Konferenz von Teheran vom 28. 11. 1943 bis 01. 12. 1943 beschlossen. Da sich eine Wende im Krieg zugunsten der Alliierten abzuzeichnen begann, wurde auch darüber diskutiert, wie mit Deutschland nach dem Krieg zu verfahren sei. Im Londoner „Protokoll über die Besatzungszonen in Deutschland und die Verwaltung von Groß-Berlin“ vom 12. 09. 1944 wurde verfügt: „Deutschland wird innerhalb seiner Grenzen nach dem Stande vom 31. Dezember 1937 für Besatzungszwecke in drei Zonen aufgeteilt, von denen jeweils eine jeder der drei Mächte zugewiesen wird, und in ein besonderes Gebiet von Berlin, das der gemeinsamen Besatzung durch die drei Mächte unterworfen ist.“ Die französische Besatzungszone wurde auf der Konferenz von Jalta auf der Krim vom 04. 02. 1945 bis 11. 02. 1945 vereinbart, wozu Gebiete aus den westlichen Besatzungszonen ausgegliedert wurden. Letzte Fragen, bezogen auf die Nachkriegsentwicklung in Deutschland, sollten auf der Konferenz von Potsdam beantwortet werden. Sie fand vom 07. 07. 1945 bis 02. 08. 1945 statt.

Aus heutiger Sicht kann festgestellt werden, daß von Anfang an keine einheitliche Besatzungspolitik in Deutschland existierte. Besonders die Zielvorstellungen der Vereinigten Staaten und der UdSSR wichen stark voneinander ab. Der Beginn des Ost-West Konfliktes war gegeben. Häufig findet man die Bezeichnung „weltweite Konfrontation zweier ideologisch konträrer Machtblöcke“. Churchill sprach vom „Eisernen Vorhang“, der sich vor dem sowjetisch beherrschten Teil Europas niedersenkte.

Bereits 1524 legten der Kurfürst Friedrich der Weise von Sachsen und Markgraf Kasimir von Ansbach-Bayreuth vertraglich die noch heute gültigen Grenzen zwischen Sachsen und Bayern fest. Sie konnten damals noch nicht wissen, daß sich vier Jahrhunderte später die Alliierten an diese – ihre – Festlegungen bei der Grenzziehung zwischen ihren Besatzungszonen hielten. Die nachhaltigen Auswirkungen waren nicht abzusehen. Denn zunächst konnten die Menschen noch ungehindert von Posseck nach Nentschau und von Grobau nach Münchenreuth gelangen.

Foto oben:
Jalta (Februar 1945); Churchill, Roosevelt, Stalin (v. l. n. r.)

Foto links:
Deutschland 1945; Besatzungszonen und auf der Potsdamer Konferenz festgelegte Grenzen

Fotoreproduktionen: Schaffner

Letzter Einigungsversuch

Die Münchner Ministerpräsidentenkonferenz 1947

Auszug aus Ausgewählte Texte aus den Kalendern des Gesamtdeutschen Instituts 1985–1990 Bundesanstalt für Gesamtdeutsche Aufgaben Adenauerallee 10, 53111 Bonn:

„...Jakob Kaiser, Vorsitzender der CDU in der sowjetischen Besatzungszone und Berlin, das damals als frühere Reichshauptstadt in Sektoren geteilt den vier Alliierten gemeinsam unterstand, hatte vorgeschlagen, die Führungsgremien der Parteien aller vier Zonen sollten eine ständige Konferenz als gesamtdeutsche Vertretung des Volkes konstituieren. Adenauer, Vorsitzender der CDU in der englischen Zone, war äußerst skeptisch, überließ aber die Entscheidung dem Führer der Sozialdemokraten, Kurt Schumacher. Dieser verabscheute eine gemeinsame Veranstaltung mit den SED-Vertretern der sowjetischen Besatzungszone, denn das russische Besatzungsregime hatte in seiner Zone die Sozialdemokraten trotz der starken Proteste zum Zusammenschluß mit den Kommunisten in der SED gezwungen. Widerstrebende Sozialdemokraten waren in großer Zahl abgesetzt und eingesperrt wurden. Die westdeutsche Sozialdemokratie, so Schumacher, dürfe nicht durch die Beteiligung an der Konferenz die SED anerkennen, sie ‚salonfähig' machen.

In den Westzonen bestand noch ein anderes Problem: Wer war überhaupt legitimiert, Deutschland zu repräsentieren? Wer konnte eine derartige Vertretung bestellen? Die westdeutschen Regierungschefs aus der CDU/CSU und aus der FDP waren der Auffassung, daß eine solche Vertrctung bis zur Bildung eines deutschen Staatswesens ihre Sache wäre. Schumacher hingegen bestand auf der Bildung einer deutschen Nationalvertretung ausschließlich durch die Parteien. Hinter diesem Gegensatz standen unterschiedliche grundsätzliche Motive: die Sozialdemokraten strebten einen dezentralisierten Einheitsstaat an, die CDU/CSU, förderalistisch eingestellt, wünschte die Bildung eines Bundesstaates aus den Ländern.

Trotz dieser Hindernisse wagte der bayerische Ministerpräsident Hans Ehard (CSU) am 7. Mai 1947, zwei Jahre nach der Kapitulation, eine öffentliche Einladung an die Regierungschefs aller deutschen Länder zu einer Konferenz in München am 6. und 7. Juni. Die Idee lag in der Luft; es kam nur darauf an, ob und wie sie realisiert werden könnte. Denn im Grunde wünschte keine Besatzungsmacht diese Konferenz.

Frankreich war der gesamtdeutsche Charakter zuwider, aber es ließ widerwillig die Teilnahme der deutschen Regierungschefs aus seiner Zone zu, wenn nur wirtschaftliche Fragen verhandelt wurden. Hauptgegner war die Sowjetunion. Sie mißtraute dem Förderalismus der Mehrheit der westdeutschen Regierungschefs. Sie fürchtete auch für die Linientreue ihrer Landes-Ministerpräsidenten. So wurden diese verpflichtet, auf der Konferenz einen Antrag auf Bildung einer Zentralverwaltung zur Schaffung ‚eines deutschen Einheitsstaates' durch ‚Verständigung mit den Parteien und Gewerkschaften' zur Abstimmung zu stellen. Im Fall der Ablehnung hätten diese Ministerpräsidenten die Konferenz zu verlassen. Dazu muß man wissen, daß nach den Plänen Moskaus diese Zentralverwaltung dem Kontrollrat unterstellt bleiben sollte. Die Sowjetunion hätte dann die Bedingung stellen können, daß im deutschen Zentralparlament und in einem regierungsähnlichen Gremium eine Parität zwischen den kommunistischen Parteien der Ostzone und den Parteien der westlichen Zonen zu bestehen hätte. Eine derartige Forderung wäre für die drei westlichen Alliierten und alle westdeutschen Parteien, mit Ausnahme der wenigen Kommunisten, unannehmbar gewesen.

So war von der SBZ das Scheitern der Konferenz vorprogrammiert. Auch dem SPD-Vorsitzenden Schumacher war die Konferenz nicht willkommen: einmal wegen der SED-Regierungschefs, zum anderen fürchtete er durch diese Konferenz eine Präjudizierung der Nationalvertretung durch die Landesregierungschefs, und zum dritten war ihm die föderalistische Akzentuierung zu stark. Trotzdem durfte die Konferenz am Widerstand der Sozialdemokratie nicht scheitern. Deshalb stellte er die Bedingung, daß die Konferenz sich der Behandlung politischer Themen zu enthalten hätte. Das akzeptierten die sozialdemokratischen Regierungschefs. Die Schumacher-Instruktion deckte sich insofern mit der Frankreichs, wenn auch aus entgegengesetzten Motiven.

Am 5. Juni 1947, dem Vorabend der Konferenz, gab der bayerische Ministerpräsident für die Regierungschefs in München ein Abendessen. Die westdeutschen waren alle erschienen, aber noch fehlten die aus der SBZ. Nach einstündigem Warten begann das Essen. Es war die erste offizielle gesamtdeutsche Veranstaltung seit der Kapitulation, die erste freie seit 1933. Viele konnten sich der Rührung nicht erwehren, am wenigsten die Redner. Man war sich der Bedeutung des Augenblicks bewußt. Gegen zwanzig Uhr hörte man Autohupen, schrillen Befehlston und lautes Hackenklappen. Das war man im Westen seit zwei Jahren nicht mehr gewöhnt. Die Delegation aus der SBZ war vollzählig eingetroffen. Zackig marschierte der thüringische Ministerpräsident Paul zum obersten Tisch. Nicht minder zackig war seine Rede.

Auf der Vorbesprechung aller Regierungschefs, die um 22 Uhr begann, verlangte Paul, daß der Antrag der SBZ auf Bildung eines Einheitsstaates durch Verständigung mit den Parteien und Gewerkschaften als Punkt 1 auf die Tagesordnung der Konferenz zu setzen und über ihn abzustimmen sei. Der Pferdefuß lag im Text und in der Forderung nach Abstimmung.

Durch das Wort ‚Einheitsstaat' sollte der Öffentlichkeit in den Westzonen suggeriert werden, daß es sich um staatliche Einigung handelte. Man benutzte dieses Wort bewußt doppelsinnig. Das Zahlenverhältnis zwischen Partei- und Gewerkschaftsvertretern der vier Zonen untereinander einerseits und zwischen diesen und den Regierungschefs andererseits war nicht einmal angedeutet worden.

Die westzonalen Regierungschefs hatten weder von ihren Landtagen noch von ihrem Zonenbefehlshaber die Vollmacht, über einen solchen Antrag abzustimmen. Der Sinn des SED-Antrags war, die westdeutschen Regierungschefs bei Ablehnung, die zu erwarten war, als Gegner der deutschen Einigung abzustempeln und ihnen – dem diente der Hinweis auf Gewerkschaften und Parteien – den Vorwurf volksfeindlicher Einstellung anzuhängen. Der Text war so abgefaßt, daß ein Kompromiß sich nicht finden lassen konnte. Die Regierungschefs der SBZ lehnten nach wenigen Stunden eine weitere Teilnahme an der Konferenz ab und verließen sie.

Groß war die Enttäuschung der Öffentlichkeit über das Scheitern dieser ersten und einzigen gesamtdeutschen Konferenz. Über die Schuld ist viel gestritten worden. Aber das lohnte sich kaum. Der Fehlschlag der Konferenz war in ihr von Anfang an angelegt. Die Bayern hatten die SBZ-Vertreter lediglich eingeladen, um das gesamtdeutsche Image zu wahren. Ohne Einladung an diese hätte Frankreich den Vertretern seiner Zone die Teilnahme nicht zugestanden. Ehard versuchte durch die Art seiner Einladung, der SBZ Absage und Fernbleiben zu erschweren, aber er rechnete damit. Die Westdeutschen waren fest entschlossen, die Konferenz auch ohne die ostzonalen Regierungschefs fortzusetzen; das geschah dann auch. Die Sozialdemokraten waren erleichtert, daß sie nicht mit denen zusammensitzen mußten, die ihre Partei in der SBZ zerstört hatten. Ebenso erleichtert waren die Vertreter der französischen Zone, weil sie nunmehr nicht gezwungen waren, die Konferenz zu verlassen.

Die Konferenz zeigte, wie tief der Stellenwert der deutschen Einigung gesunken war. Und ihre Bedeutung lag schließlich darin, daß ihre Fortsetzung ohne die SBZ-Vertreter sich als ein Vorspiel zur Bildung des westdeutschen Staates erwies."

Die Währungsreform 1948

Auszug aus dem Buch Große Epochen der deutschen Geschichte 1984 Bertelsmann LEXIKOTHEK Verlag GmbH, Gütersloh, und Verlag Das Beste GmbH Stuttgart:

„... Als die Sowjetunion den Kontrollrat verließ, hatten die Amerikaner einen plausiblen politischen Grund, das Geldproblem in den Westzonen separat zu lösen. Eine Einigung mit den Sowjets war kurzfristig unmöglich, und die Sache drängte. Mit gewohnter Effizienz und Schnörkellosigkeit gingen die Amerikaner zur Sache: Ende 1947 ließ der amerikanische Militärgouverneur Lucius D. Clay in den USA insgesamt 915 Tonnen Geld drucken und mit Frachtern nach Deutschland bringen. Das Geld wurde in Frankfurt gelagert. Deutsche Währungsexperten arbeiteten in einer Kaserne bei Kassel 49 Tage lang unter vollständiger Abschirmung von der Öffentlichkeit Gesetze, Verordnungen und Merkblätter zur Währungsreform aus. Zwar ahnten alle, daß es bald neues Geld geben würde, aber der Zeitpunkt blieb geheim, damit sich niemand unberechtigte Vorteile verschaffen konnte.

Am 20. Juni 1948, einem Sonntag, war es dann soweit. In den drei Westzonen erhielt jeder Deutsche 40 und zwei Monate später weitere 20 DM. Altes Geld konnte zum Kurs von 10 zu 1 gegen die Deutsche Mark eingetauscht werden, aber das betraf eigentlich nur die Schuldforderungen; Bargeld und Sparguthaben wurden infolge von Zusatzverordnungen erheblich schlechter bewertet: Für 100 Reichsmark gab es nur 6,50 Mark. Das traf, wie schon nach der Inflation 1923, wieder die mittel- und kleinbürgerlichen Sparer. Wer sein Vermögen in Sachwerten, in Betrieben, Grundstücken oder Häusern angelegt hatte, wurde kaum geschädigt. Die Währungsreform vom Juni 1948 benachteiligte also nur bestimmte Bevölkerungsgruppen, sie hat die bestehenden sozialen Unterschiede nicht nur nicht beseitigt, sondern noch vertieft. Zu den vielen Kriegsgeschädigten, Flüchtlingen und Vertriebenen kamen nun auch die Währungsgeschädigten hinzu, so daß Menschen mit einigem sozialen Gerechtigkeitssinn nach einem Lastenausgleich riefen, um die gröbsten Ungerechtigkeiten zu beseitigen und sozialen Unruhen vorzubeugen.

Wer noch zu den Gewinnern der Währungsreform gehörte, zeigte sich schon am nächsten Morgen, als die Menschen mit ihrem neuen Geld zum Einkauf gingen. Die vorher fast leeren Schaufenster und Regale hatten sich über Nacht mit Waren aller Art gefüllt, die für Bezugsscheine nicht zu haben gewesen waren. Die Kaufleute hatten die Waren gehortet, um sie gegen neues Geld verkaufen zu können. Dieses Verhalten schadete dem Ruf der Deutschen im Ausland sehr; viele Menschen entrüsteten sich über diese unmoralische Geschäftemacherei ihrer Mitbürger.

Die Lockerung des Bezugsscheinsystems ging auf die Initiative des damaligen Direktors des Wirtschaftsrates, Ludwig Erhard, zurück. Dem parteilosen, ehemaligen bayerischen Wirtschaftsminister waren die Bezugsscheine und Lebensmittelkarten schon seit langem ein Dorn im Auge. Bereits einen Tag vor der Währungsreform hatte der Wirtschaftsrat seinem Direktor weitgehende Befugnisse zur Reorganisation des freien Wettbewerbs eingeräumt. Am Sonntag der Währungsreform führte Ludwig Erhard seinen Handstreich gegen die Zwangswirtschaft. Ohne die Amerikaner zu fragen, hob er die Preiskontrollen und die Rationierung verschiedener Gebrauchsgüter auf und legte damit den Grundstein zur freien Marktwirtschaft und zum späteren gesellschaftlichen System der Bundesrepublik.

Die Sowjets beschuldigten die westlichen Alliierten, durch die einseitige Währungsreform die Bildung eines westdeutschen Separatstaates in die Wege zu leiten und organisierten Gegenmaßnahmen. Mit dem Hinweis, man müsse sich gegen eine mögliche Überflutung durch die in den Westzonen entwertete Reichsmark schützen, verschärfte die Sowjetunion die schon seit März des Jahres bestehenden Beschränkungen des Berlinverkehrs.

Am 23. Juni wurde auch in der sowjetischen Zone eine Währungsreform durchgeführt. Die Geschwindigkeit, mit der die Ostmark eingeführt wurde, läßt vermuten, daß auch die Sowjets für ihre Zone schon seit längerem eine Geldreform planten. Die Deutschen in der sowjetischen Zone erhielten 70 Mark der neuen Währungseinheit, keine neuen Noten, sondern lediglich überklebte Reichsmarkscheine. Die generelle Abwertung betrug – von Variationen bei Sparguthaben abgesehen – ebenfalls 10 zu 1.

Aber sowohl die Voraussetzungen als auch die Folgen der Währungsreform waren verschieden. Denn erstens gab es im Osten keinen so gewaltigen Geldüberhang wie in den Westzonen, zum anderen waren auch nach der Reform kaum Güter da, die man mit dem neuen Geld hätte kaufen können. Die Wirtschaft hatte sich infolge der rigiden Reparationspolitik der Sowjetunion noch nicht erholt. Da sich die Reform ganz im Rahmen geplanter Wirtschaftslenkung abspielte, war das Vertrauen in die neue Währung nicht sehr groß, und der Schwarzmarkt blühte weiter. Doch im Gegensatz zur Währungsreform in den Westzonen, die Privatwirtschaft und Unternehmer bevorzugte, profitierten in der Ostzone die kleinen Leute und der Staat von der Geldumwertung. Nachdem eine Währungsvereinbarung für ganz Berlin gescheitert war und die Westmächte die neue D-Mark auch in ihren Berliner Sektoren eingeführt hatten, verhängten die Sowjets am 24. Juni 1948 eine vollständige Blockade über die Stadt. Die Besatzungsmacht sperrte alle Verkehrswege von und nach Berlin und unterbrach die Kohle- und Lebensmittellieferungen für die Bevölkerung, Berlin sollte ausgehungert werden, um die westlichen Alliierten zu zwingen, ihre Pläne für einen westlichen Separatstaat aufzugeben. Im Gegenzug verfügte General Clay die Einstellung sämtlicher Kohle- und Stahllieferungen für die Ostzone.

Bis zur Aufhebung der Blockade am 12. Mai 1949 versorgten alliierte Flugzeuge die Stadt über die sogenannte Luftbrücke mit allem Lebensnotwendigen. Eine stattliche Zahl amerikanischer Atombomber, eilends aus den USA nach Großbritannien verlegt, sorgte für den nötigen militärischen Nachdruck. Die sowjetische Blockade verfehlte ihre Wirkung vollends. Statt die Pläne einer Staatsgründung zu verhindern, schweißte die Notlage Berlins die Alliierten und die Deutschen im Westen stärker zusammen, und Berlin, die einstige Nazi-Hauptstadt, wurde zum Symbol der Freiheit.“

Auszüge aus der Broschüre Vom schweren Anfang Beiträge zur Geschichte der Grenztruppen der DDR:

„... Die von der CIA abgeschirmte Geheimoperation trug den Decknamen ‚Bird Dog'. Hiernach war bereits am 25. November 1947 mit dem USA Frachter ‚American Farmer' in Bremerhaven eine Ladung von 4800 Kisten mit einem Gesamtgewicht von 192 Tonnen eingetroffen. In ihnen befanden sich in den USA gedruckte Banknoten, die am ‚Tag X' in den Westzonen ausgegeben werden sollten. Eine Spezialeinheit der amerikanischen Armee überführte die Kisten nach Frankfurt am Main. Weitere fünf Schiffsladungen folgten. Ende Mai 1948 lagerten in einer streng bewachten Tiefbunkeranlage 22895 Kisten neues Geld im Gesamtgewicht von 915 Tonnen ..."

„... Selbst die jeder Sympathie mit dem Kommunismus unverdächtige Westberliner Zeitung ‚Telegraf' mußte eingestehen: ‚Die Ostzone wird, und das darf niemand den sowjetischen und deutschen Verwaltungsstellen in der Ostzone verdenken, sich erst einmal gegenüber der vom Westen zu erwartenden Flut der Markbeträge abschirmen.' "

„... Um das illegale Einströmen der im Westen entwerteten Reichsmark in das heutige Gebiet der DDR zu verhindern und zugleich damit Zeit für eigene Währungsmaßnahmen zu gewinnen, mußte die Demarkationslinie möglichst zuverlässig bewacht werden ..."

„... – allein in den ersten fünf Tagen nach Beginn der separaten westlichen Währungsmaßnahmen beschlagnahmte die Grenzpolizei über 90 Millionen Mark altes Geld, das in spekulativer Absicht illegal in die sowjetische Besatzungszone eingeführt werden sollte, wo es noch gültig war ..."

Reichsbanknote in „Bilder zur Geschichte des deutschen Volkes" S. 117

Fotoreproduktion: Schaffner

Die bisher einheitliche Währung (Banknote oben) wurde in den Westzonen außer Kurs gesetzt und im Verhältnis 10:1 gegen neues Geld umgetauscht. In der sowjetischen Besatzungszone blieben zunächst die alten Banknoten im Umlauf und erhielten einen Coupon (Banknote unten).

Grenztruppen der UdSSR

Bereits im Mai 1918 wurden erste Formationen der Grenztruppen der UdSSR gebildet. In einer entsprechenden Verfügung formulierte man folgende Aufgaben (vgl. Geschichte der Grenztruppen der UdSSR):

„a) die Verhinderung der illegalen Ein- oder Ausfuhr von Gütern sowie die der unerlaubten Überschreitung der Land- und Seegrenzen der Russischen Föderativen Sowjetrepublik;
b) der Schutz der Naturreichtümer der Grenz- und Territorialgewässer vor Raub;
c) die Überwachung der Einhaltung der Regeln für die internationale Flußschiffahrt auf den Grenzflüssen;
d) der Schutz der Fischer und der Industrie auf den inneren Seegebieten sowie den Grenzflüssen und -seen;
e) der Schutz der Grenzortschaften vor Überfällen durch Räuber und nomadisierende Stämme;
f) die Durchsetzung von erforderlicher Grenzquarantäne usw.“

Die Geschichte der sowjetischen Grenzsicherungskräfte nutzte man propagandistisch zur Motivierung der Angehörigen der Deutschen Grenzpolizei bzw. dem NVA-Kommando Grenze, später der Grenztruppen der DDR.

Die Bildung von Grenzpolizeiformationen in den Besatzungszonen auf Länderebene

Zur Durchsetzung ihrer Gesetze, Verordnungen und Weisungen bedienten sich die Besatzungsmächte eines Kontrollrates. Von diesem wurde eine Direktive erlassen. Sie forderte, daß das Überschreiten der Demarkationslinie zwischen den einzelnen Besatzungszonen nur mit entsprechender Genehmigung und an dafür vorgesehenen Stellen erfolgte. Die Durchsetzung dieser Forderung erfolgte zunächst nur durch die Besatzungstruppen selbst. Später wurden auch deutsche Polizeikräfte eingesetzt.

Die Sowjetische Militäradministration erteilte eine Weisung zur Bildung der Grenzpolizei auf Länderebene. Dies sollte bis zum 01. 12. 1946 abgeschlossen sein.

Durch eine Anordnung der US-Militärregierung an das Bayerische Staatsministerium des Innern erfolgte die Gründung einer Bayerischen Landesgrenzpolizei. Alle Einzelheiten hierzu waren in einer Verordnung vom 15. 11. 1945 erfaßt und traten am 01. 03. 1946 in Kraft.

Der Begriff Demarkationslinie wurde durch die Besatzungsmächte wie folgt erklärt. Sie dient dem Ziel, die Militärverwaltungsbereiche der verbündeten Mächte voneinander abzugrenzen. Die Folgeerscheinungen wurden schon kurze Zeit später wirksam und beeinflußten das Leben der Menschen in Bayern, Thüringen und Sachsen. Schmuggel, Schwarzhandel und Schiebertum als Auswirkung des Krieges bestimmten die Situation an der Demarkationslinie zwischen der sowjetischen und der amerikanischen Besatzungszone.

Die Grenzpolizei des Landes Thüringen wurde vom 25. 11. bis zum 01. 12. 1946 durch das Landespolizeiamt Thüringen aufgestellt. Grundlage bildete die bereits genannte Weisung der Sowjetischen Militäradministration (SMAD).

Durch sie wurde die Demarkationslinie gegenüber der amerikanischen Besatzungszone in einer Länge von 546 km und gegenüber der britischen Besatzungszone in einer Länge von 124 km überwacht.

Zwei Gruppen mit je drei Abschnitten umfaßte die polizeiliche Struktur. Ein Abschnitt bestand jeweils aus 11 Gruppenposten zu je 9 Mann. Der Gruppe II mit dem Stab in Rudolstadt unterstanden die Abschnitte Meiningen, Mengersgereuth und Tanna. Durch den Abschnitt Tanna (Landkreis Schleiz) wurde die Überwachung ebenfalls an der Demarkationslinie zwischen Bayern und Sachsen wahrgenommen.

Abschnitt 6 in Tanna

Stab — Abschnittsleiter — Gruppenposten

3 Kontrolleure für Gruppenposten	1 nicht bekannt
	2 nicht bekannt
1 Dolmetscher	3 Heberndorf
5 Kraftfahrer	4 Lobenstein
9 Polizisten für Wache und Telefondienst	5 Frössen
	6 nicht bekannt
1 Stenotypistin	7 nicht bekannt
	8 Dehles
Ein Gruppenposten bestand aus einem Gruppenführer, einem Stellvertreter und 7 Streifenpolizisten. Zum Bestand gehörten 2 PKW, 1 LKW sowie 2 Kräder.	9 Ruderitz
	10 Bobenneukirchen
	11 Untertriebel

Struktur Tanna Seite 23 in Heft 1 „Beiträge zur Geschichte der Grenztruppen der DDR – Vom schweren Anfang“

Die weitere Entwicklung der Grenzpolizeiformationen bzw. Grenzschutzorgane in den Ländern wurde u. a. durch die Währungsreform 1948 und die Entstehung zweier Staaten auf dem Territorium Deutschlands bestimmt. Die durch die Währungsreform 1948 entstandene Situation und die damit verbundene Reaktion durch die Sowjetunion beeinflußten ebenfalls die Entwicklung der zu diesem Zeitpunkt in Deutschland existierenden Grenzpolizeiformationen und Grenzschutzorgane.

Im folgenden soll die Geschichte der Grenzsicherungskräfte in der am 07. 10. 1949 gegründeten DDR dargestellt werden. Soweit dies möglich ist, wird sich auf eine Region gestützt, die heute Teile von Bayern, Sachsen und Thüringen umfaßt.

Eine neue Struktur entstand. Sogenannte Grenzbereitschaften wurden in Kommandanturen und diese wiederum in Grenzkommandos eingeteilt. So existierte damals das Grenzkommando Grobau, welches der Kommandantur Großzöbern unterstellt war. Die Kommandantur Großzöbern gehörte zur Grenzbereitschaft Gefell. Diese nutzte ab 26. 10. 1950 das Objekt Schöpsdrehe im Landkreis Plauen, gelegen an der Straße von Plauen nach Syrau bzw. dem Abzweig nach Elsterberg. Sie wurde als Grenzbereitschaft bzw. als Grenzpolizeibereitschaft Plauen bezeichnet. Unterstellt war sie der Abteilung Weimar. Bis zum Oktober 1951 war die Grenzpolizei den Landesbehörden der Volkspolizei zugeordnet. Mit Wirkung vom 16. Mai 1952 wurde sie aus dem Bestand der Hauptverwaltung Deutsche Volkspolizei beim Ministerium des Innern herausgelöst und als Deutsche Grenzpolizei (DGP) dem Ministerium für Staatssicherheit unterstellt.

Die Regierung der DDR bediente sich der Grenzpolizei zur Durchsetzung ihrer Ministerratsverordnung vom 26. 05. 1952.

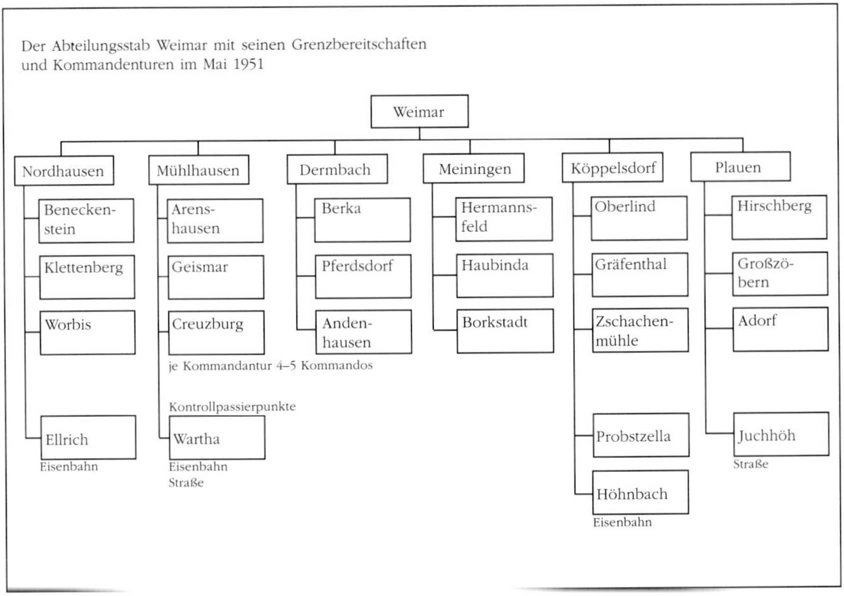

Struktur Abteilung Weimar mit deren Grenzbereitschaften und Kommandanturen im Mai 1952 S. 33 in Beiträge zur Geschichte der GT der DDR Heft 2 Für den Schutz der Staatsgrenze der jungen Republik

Im Ergebnis des Staatsvertrages mit der damaligen Sowjetunion vom September 1955 übernahm die Grenzpolizei mit Wirkung vom 01. 12. 1955 die alleinige Bewachung und Kontrolle der Grenzen der DDR. Die Kontrolle von Personal und Gütern der in Westberlin stationierten alliierten Truppen erfolgte weiterhin durch die Gruppe der Sowjetischen Streitkräfte in Deutschland.

Nach fast fünfjähriger Unterstellung unter das Ministerium für Staatssicherheit wurde am 01. 03. 1957 die Deutsche Grenzpolizei wieder dem Ministerium des Innern der DDR-Regierung unterstellt. Der Sitz des Führungsorgans war Pätz bei Königs-Wusterhausen. Zum damaligen Zeitpunkt erfolgten wiederum Strukturveränderungen. Es wurden sogenannte Brigaden gebildet. Die 10. Grenzbereitschaft Plauen war Bestandteil der Grenzbrigade Rudolstadt.

Die Grenzbrigade Rudolstadt mit Grenzbereitschaften, Grenzabteilungen und Grenzkompanien im Jahre 1957.

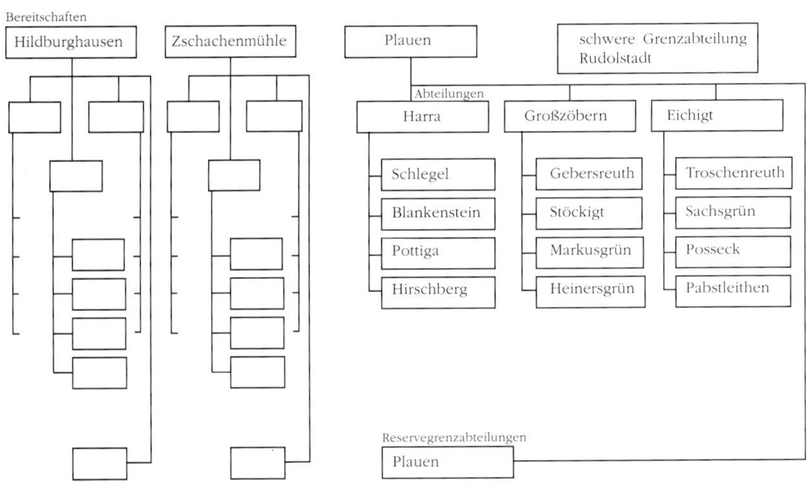

Struktur der Grenzbrigade Rudolstadt 1957 S. 68 in „Beiträge zur Geschichte der Grenztruppen der DDR" Heft 2

Foto Seite 29 in Broschüre „Vom schweren Anfang"; Grenzpolizisten im Einsatz. Hier bei einer Kontrolle im Bereich des damaligen Grenzkommandos Hirschberg.
Fotoreproduktion: Schaffner

Foto Seite 54 in Broschüre „Vom schweren Anfang"; Gemeinsam mit Sowjetsoldaten standen bis 1955 Grenzpolizisten der DDR auf Wacht.
Fotoreproduktion: Schaffner

Unten links. Ein Postenpaar, der Postenführer mit Leuchtpistole (1965/66). Zu dieser Zeit patroullierten wegen Fahnenfluchten zeitweilig Dreierposten.

Unten rechts: Kübelwagen P3, Aufnahme 1966

Ein Postenpaar der DDR-Grenzsicherungskräfte vor einer Sichtblende, vor der sich eine Erdbeobachtungsstelle aus Beton befindet. (1965–1966)

Am 15. 09. 1961 wurde die bisherige Grenzpolizei dem Ministerium für Nationale Verteidigung als Grenztruppe unterstellt. Aus der 10. Grenzbereitschaft Plauen entstand das Grenzregiment 10. Es war zunächst in zwei Grenzbataillone und ein Ausbildungsbataillon untergliedert. Ein Grenzbataillon verfügte meist über vier Grenzkompanien. Weiterhin existierten sogenannte Sicherungszüge für die vorhandenen Grenzübergangsstellen.

Anfang der siebziger Jahre erfolgte der sogenannte geschlossene Einsatz von Einheiten der Grenztruppen zur Grenzsicherung. Im militärischen Sprachgebrauch wurde sie auch als Bataillonssicherung bezeichnet. So wurden Sicherungsaufgaben durch die Grenzkompanie Gutenfürst für einen bestimmten Zeitraum, zum Beispiel für acht Stunden, innerhalb des Grenzabschnittes des Grenzbataillons Posseck wahrgenommen. Die Ablösung erfolgte laut Plan durch die Grenzkompanie Wiedersberg. An anderer Stelle erfolgt eine tiefgehendere Beschreibung der sogenannten Bataillonssicherung.

Der Beginn der siebziger Jahre war auch dadurch gekennzeichnet, daß die vorhandene Brigadestruktur durch eine Verbandsstruktur ersetzt wurde. An der Grenze zur BRD wurden das Grenzkommando Nord und das Grenzkommando Süd gebildet. Das Grenzkommando an der Grenze zu Westberlin erhielt die Bezeichnung Mitte. Zum Grenzkommando Süd zählten die Grenzregimenter Heiligenstadt, Mühlhausen, Dermbach, Meiningen, Sonneberg und Plauen. Desweiteren gehörten noch zwei Grenzausbildungsregimenter dazu. Ein Grenzausbildungsregiment befand sich in Eisenach. Die Standorte Rudolstadt, Dittrichshütte und Johanngeorgenstadt bildeten ein weiteres Ausbildungsregiment. Der Stab des Grenzkommandos Süd befand sich in Erfurt.

International waren die siebziger Jahre durch den Abrüstungsprozeß gekennzeichnet. Es liegt nahe, daß nachfolgend genannte Festellung damit im Zusammenhang steht. Ab dem 1. April 1974 wurden die Grenztruppen aus dem Bestand der NVA herausgenommen. Sie waren aber weiterhin dem Minister für Nationale Verteidigung unterstellt. Die offizielle Bezeichnung lautete ab diesem Zeitpunkt – Grenztruppen der DDR –. Diese Veränderung zeigte sich auch im Schriftverkehr. Bisher stand im linken oberen Teil:

NATIONALE VOLKSARMEE
– Grenzregiment 15 –

– Der Stabschef –

Der Briefkopf wurde ersetzt.

GRENZTRUPPEN
DER DEUTSCHEN DEMOKRATISCHEN REPUBLIK
– GRENZREGIMENT 15 –

– Der Stabschef –

In Vorbereitung des 30. Jahrestages des Bestehens von DDR-Grenzsicherungskräften wurde eine Veränderung an der Uniform vorgenommen. Am linken Ärmel nähte man einen grünen Streifen auf. Er war mit dem Wortlaut – GRENZTRUPPEN DER DDR – versehen.

Durch das Grenzgesetz vom 25. 03. 1982 und weitere militärische Befehle und Weisungen wurde eine neue Platzbestimmung der Grenztruppen vorgenommen. Das zeigte sich in der Form, daß die Grenztruppen die Dominanz im Grenzgebiet gegenüber der Volkspolizei und den örtlichen zivilen Organen und Einrichtungen besaßen. Die Rolle des MfS wurde jedoch hiervon nicht berührt. Mittlerweile gab es Bestrebungen, die sogenannte Bataillonssicherung einzustellen. Durch das Grenzregiment Plauen wurde ab 19. 08. 1983 ein verändertes System der Grenzsicherung eingeführt. Jeder Grenzkompanie wurde ein Grenzabschnitt zugewiesen. Es existierten auch Grenzkompanien ohne Grenzabschnitt. Diese wurden vorwiegend zur Grenzsicherung in der Sperrzone, am Rand des Schutzstreifens und bei Bedarf in diesem eingesetzt. Gleichzeitig sollten sie spezifische Aufgaben innerhalb der Landesverteidigung im Krisenfall lösen. Dazu waren sie mit schweren Panzerbüchsen vom Typ SPG-9 und Granatwerfern vom Typ AGS-17 ausgerüstet. Innerhalb des Regiments Plauen betraf dies die Standorte Rodacherbrunn, Harra, Birkenhügel und Posseck.

Grenzregiment Plauen erhält am ersten Oktober 1977 auf dem Leninplatz den Namen Ernst Grube

Fotos: Ehemalige Dienststelle Plauen der GT der DDR

Agitationsmaterial der Grenztruppen der DDR zum 35. Jahrestag 1981.

Grenzausbildungs-regiment Plauen „Rudi Arnstadt"

Abzeichen für Schützenschnur (silber, gold) Schützenwaffen der Grenztruppen der DDR (seit 1986)

Leistungsabzeichen der Deutschen Grenzpolizei (1959–1962). Seit 1962 als Leistungsabzeichen der Grenztruppen der DDR verliehen.

Agitationsmaterial, welches in den Grenztruppen der DDR verwendet wurde. Vermutlich ebenfalls 35. Jahrestag 1981.

Abzeichen 35 Jahre Grenztruppen der DDR (1981)

Abzeichen für freiwillige Helfer der Grenztruppen der DDR.

Bestenabzeichen der Grenztruppen der DDR (seit 1986).

Allgemeines Klassifizierungsabzeichen der Grenztruppen der DDR (seit 1986)

Bei einem Besuch am Brandenburger Tor am 16. April 1986 erklärte der damalige Generalsekretär der KPdSU Michail Gorbatschow:

„Am Brandenburger Tor kann man sich anschaulich davon überzeugen, wieviel Kraft und wahrer Heldenmut der Schutz des ersten sozialistischen Staates auf deutschem Boden vor den Anschlägen des Klassenfeindes erfordert.

Die Rechnung der Feinde des Sozialismus wird nicht aufgehen. Das Unterpfand dessen sind das unerschütterliche Bündnis zwischen der DDR und der UdSSR und das enge Zusammenwirken der Bruderländer im Rahmen des Warschauer Vertrages.

Ewiges Andenken an die Grenzsoldaten, die ihr Leben für die sozialistische DDR gegeben haben!" (vgl. Geschichte der Grenztruppen der UdSSR)

Durch diese Worte fühlte sich die Mehrzahl der Angehörigen der Grenztruppen der DDR bestätigt, mit ihrem Dienst etwas zu tun, was richtig und notwendig war.

1989 wurden nochmals strukturelle Veränderungen vorgenommen. Hierbei sollte die kommunale Gliederung der DDR in Bezirke und Kreise Berücksichtigung finden. Der Verband Grenzkommando Süd wurde in Grenzbezirkskommandos aufgeteilt. Diesem unterstanden Grenzkreiskommandos. So gehörte zum GBK-4 (Suhl) das Grenzkreiskommando Sonneberg (GKK-404). Das bisherige Grenzregiment Plauen wurde in die Grenzbezirkskommandos Gera und Karl-Marx-Stadt aufgegliedert. Dabei wurden jedoch keine Grenzkreiskommandos gebildet. Innerhalb des Grenzbezirkskommandos Gera schuf man die operativen Führungsgruppen Zschachenmühle und Göttengrün.

Dem Grenzbezirkskommando Karl-Marx-Stadt waren die Grenzkompanien Gutenfürst, Wiedersberg, Posseck und die Reservegrenzkompanie Posseck direkt unterstellt. Hierzu zählte ebenfalls die Grenzübergangsstelle Gutenfürst.

Eine vollkommene Änderung des bisherigen Grenzregimes trat ein, als am 9. November 1989 die Grenze zur Bundesrepublik und Westberlin geöffnet wurde. Neben der bereits vorhandenen Grenzübergangsstelle Gutenfürst erfolgte die Einrichtung einer GÜST an der Autobahn A 72 Hof – Plauen, an der Bundesstraße 173 Hof – Plauen, an den Ortsverbindungsstraßen Münchenreuth – Grobau, Gattendorf – Gassenreuth und Nentschau – Posseck. Im Frühjahr 1990 wurde das Grenzbezirkskommando Karl-Marx-Stadt in die Kasernenanlagen des Grenzausbildungszentrums Plauen (König-Georg-Kaserne) verlegt. Zusätzliche Grenzüberwachungsaufgaben wurden an der Grenze zur damaligen CSFR wahrgenommen.

Ab 01. 07. 1990 fand keine Grenzüberwachung an der Grenze zur Bundesrepublik mehr statt. Die Wirtschafts-, Währungs- und Sozialunion war in Kraft getreten. In dem 1948 ausgeklammerten Teil Deutschlands wurde nachträglich die D-Mark als Währungseinheit eingeführt. Die Mark der DDR hörte auf, als Zahlungsmittel zu existieren.

Mit dem Beitritt der DDR zur BRD am 3. Oktober 1990 erübrigte sich jegliches Bestehen von DDR-Grenzsicherungskräften. Die Grenzüberwachung zur CSFR – heute Tschechische Republik – erfolgte von da an durch den Bundesgrenzschutz.

In Zusammenarbeit zwischen Bundesvermögensamt, Bundeswehr und anderen Einrichtungen begann der systematische Abbau der noch vorhandenen Sperranlagen. Die noch existierenden Kasernenanlagen wurden einem anderen Verwendungszweck zugeführt. Vorwiegend wurde damit begonnen, darin Übersiedler und Asylbewerber unterzubringen.

Staatsbank
der Deutschen Demokratischen Republik

Abrechnung/Mitnahmebescheinigung

1. Betrag	100 DM		100 M
2. Betrag	100 DM		
	+ Aufschlag 400 % =		500 M
auszuzahlen:	**200 DM**		
zu bezahlen:			**600 M**

- 4. 01. 90

Kreissparkasse Lobenstein in Wurzbach

Datum

Stb 3650 VV Freiberg Ag 307 III/21/16 89 N 426 B 20568

Kopie Vorderseite Zehnmarkschein der Deutschen Bundesbank

Kopie Vorderseite Zehnmarkschein der Staatsbank der DDR

Kopie Vorderseite Abrechnung/Mitnahmebescheinigung der Staatsbank der DDR

Fotoreproduktionen: Schaffner

Kopie Vorderseite Scheck über Fünfzig Pfennig der Forum Außenhandelsgesellschaft m. b. H.

Fotoreproduktionen: Schaffner

Freiwillige Helfer der Grenztruppen der DDR (FHG)

Neben den offiziellen DDR-Grenzsicherungskräften wirkten auch Zivilpersonen bei der Durchsetzung der Grenzordnung mit. Bereits ab August 1952 unterstützten sogenannte Freiwillige Helfer die damalige Deutsche Grenzpolizei.

1956 gehörten zur Grenzpolizeibereitschaft Plauen 247 Grenzpolizeihelfer. Sie waren in militärische Formationen gegliedert (FHG-Gruppen und Züge). In einer Schrift, welche die Geschichte des Grenzregiments Plauen beschreibt, heißt es, bezogen auf das Jahr 1961: „... Das Bild wäre jedoch unvollständig, bliebe die enge und bewährte Zusammenarbeit mit der Grenzbevölkerung unerwähnt. Die Grenzpolizeihelfer meldeten sich beispielsweise unaufgefordert und versahen mit den Arbeitern der Kampfgruppen am Rande des 500-Meter-Schutzstreifens mit hoher Einsatzbereitschaft einen zuverlässigen Dienst ..."

Aus den achtziger Jahren ist die Existenz sogenannter einzelgeführter Freiwilliger Grenzhelfer bekannt. Sie wurden durch den Offizier Grenzaufklärung des Grenzbataillons betreut. Festlegungen über die Tätigkeit dieser FHG wurden in der Anordnung 15/81 formuliert. Informationen, die sie einholten, wurden vertraulich behandelt. Sie waren nur einem kleinen Personenkreis bekannt (Kompaniechef, Offizier Grenzaufklärung, Bataillonskommandeur).

Die Gewinnung von FHG erfolgte auf der Grundlage sogenannter FHG-Gewinnungspläne. Nachdem die FHG-Gewinnungspläne durch das MfS überprüft wurden, konnte mit dem betreffenden Bürger über seine Bereitschaft gesprochen werden. Durch den zuständigen Kommandeur der Grenztruppen erfolgte eine entsprechende Bestätigung.

Alle FHG verfügten über eine Bekleidung und Ausrüstung. Dazu zählten Felddienstuniformen für Sommer und Winter (ohne militärische Rangabzeichen), Pelzmütze, Käppi, Gurtkoppel, Stiefel, Armbinde, Grenzmeldenetzhörer/Postensprecheinrichtung, Handschuhe und eventuell Taschenlampe. Zur Legitimation verfügten sie über einen Ausweis.

Ihr Einsatz erfolgte im Monat für etwa acht Stunden. Die Zeit einer Streife erstreckte sich über zwei bis vier Stunden. FHG wurden vorwiegend als Doppelstreife eingesetzt. Ein Einzeleinsatz war auch möglich. Es gab auch die Variante des Streifendienstes mit einem Grenzaufklärer. In einigen Fällen wurde die Tätigkeit als FHG mit dem jeweiligen Beruf verbunden (Jäger, Traktorist, Waldarbeiter, Mitarbeiter der Wasserwirtschaft und Busfahrer beispielsweise). Ihr Einsatz wurde durch die zuständige Grenzkompanie geplant. Er wurde stets mit den zum Grenzdienst befohlenen Angehörigen der Grenztruppen, der Deutschen Volkspolizei und deren Helfern (VP-Helfer) koordiniert. Aufgrund ihrer Ortskenntnis bestand die Aufgabe der FHG vorwiegend darin, ortsfremde Personen im Grenzgebiet festzustellen, deren Ausweispapiere auf Gültigkeit zu kontrollieren, im Zweifelsfall die Grenztruppen zu informieren oder selbst eine vorläufige Festnahme durchzuführen. Sie wurden auch damit beauftragt, die Verschlußsicherheit von Gebäuden zu kontrollieren, welche als Unterschlupf hätten dienen können. Sogenannte schwere Technik (Traktoren und LKW beispielsweise), die für ein gewaltsames Passieren der Grenze hätten genutzt werden können, wurde durch sie überprüft, um ein unbefugtes Benutzen auszuschließen. Bei Fahndungsinformationen nach flüchtigen Personen im Grenzgebiet erfolgte der Einsatz von FHG kurzfristig. Ihre Beobachtungen oder Feststellungen konnten sie über das Grenzmeldenetz der Grenzkompanie bzw. der Führungsstelle der Grenztruppen mitteilen. Es wurden auch sogenannte Autobahnsprechstellen, welche sich an den Toren zum Grenzsignalzaun befanden, genutzt. Ihr Aufbau erfolgte etwa zu Beginn der achtziger Jahre.

In der Regel wurde monatlich mit den FHG eine Ausbildungsmaßnahme durchgeführt. Bestandteile der Ausbildung waren Gesetzeskunde, Waffenkunde, Erste Hilfe und der Umgang mit Funkgeräten und anderem nachrichtentechnischen Gerät. Oftmals war die Ausbildung mit einer sogenannten aktuellpolitischen Lageinformation verbunden.

Weibliche FHG wurden nicht im operativen Streifendienst eingesetzt. Sie traten nur als Informanten in Erscheinung. So strebte man an, daß beispielsweise die Leiterin der Konsumverkaufsstelle der Grenzkompanie telefonisch mitteilte, wenn sich eine verdächtig erscheinende, ihr unbekannte Person im Laden aufhielt.

Um eine entsprechende Motivation zu erreichen, wurden FHG mit Geldprämien ausgezeichnet oder es wurden ihnen Medaillen der Grenztruppen verliehen. Dies geschah oftmals zu besonderen Anlässen, wie dem Tag der Grenztruppen, am 1. Dezember, dem 1. Mai oder am Tag der Gründung der DDR, dem 7. Oktober. Eine direkte Bezahlung gab es nicht.

Deutsche Volkspolizei (DVP)

Die Deutsche Volkspolizei verfügte u. a. über die Dienstzweige Schutzpolizei, Kriminalpolizei, Paß- und Meldewesen, Transportpolizei, Verkehrspolizei und Bereitschaftspolizei.

Ihre Gliederung war den regionalen Gegebenheiten angepaßt. So existierte in den Gemeinden ein sogenannter Abschnittsbevollmächtigter, der fast alle polizeilichen Aufgaben wahrnahm. In größeren Orten waren Volkspolizeireviere vorhanden. Das Volkspolizeikreisamt befand sich in der jeweiligen Kreisstadt. In den Bezirkshauptstädten existierte eine sogenannte Bezirksbehörde der Deutschen Volkspolizei. Die Deutsche Volkspolizei war dem Minister des Innern unterstellt. Dieser trug auch die Bezeichnung Chef der Deutschen Volkspolizei.

Innerhalb der Schutzpolizei waren sogenannte – Gruppenposten Grenze – vorhanden. Im Kreis Lobenstein befanden sie sich in Harra und Wurzbach. Im Landkreis Schleiz war diese Einrichtung in Gefell, Dobareuth und Blintendorf. Am Taltitzer Kreuz in Richtung Weischlitz befand sich der – Gruppenposten Grenze – für den Kreis Plauen. Heute wird der Gebäudekomplex durch die Autobahnpolizei des Freistaates Sachsen genutzt. In der Ortschaft Ebmath befand sich der Gruppenposten Grenze des Kreises Oelsnitz im Vogtland. Von dem Standort des jeweiligen Gruppenpostens konnte das Grenzgebiet umfassend kontrolliert werden.

An den Zufahrtsstraßen wurden Kontrollstellen eingerichtet. Beispielsweise existierten im Landkreis Plauen u. a. folgende Kontrollstellen: Mißlareuth, Reinhardtswalde, Dehles, Schwand, Ruderitz, Großzöbern.

Desweiteren wurden durch die Gruppenposten Verstöße gegen die Grenzordnung bearbeitet (Einreise in die Sperrzone ohne Passierschein) .

Die Vernehmung von sogenannten Grenzverletzern oblag der Kriminalpolizei. Sie hatte zu prüfen, inwieweit der Tatbestand des Paragraph 213 des Strafgesetzbuches der DDR erfüllt war (Versuch des illegalen Grenzübertritts). Ermittlungen des MfS und der Grenztruppen fanden dabei Berücksichtigung.

Durch das Paß- und Meldewesen wurden Passierscheine ausgestellt, die zur Einreise in das Grenzgebiet berechtigten. Für Personen, die im Grenzgebiet wohnten, wurde ein sogenannter Registriervermerk im Personalausweis eingetragen und mit einem Stempel versehen. Bürger der DDR, die ständig im Grenzgebiet arbeiteten, erhielten einen sogenannten Genehmigungsvermerk. Zu beachten ist hierbei die Untergliederung des Grenzgebietes in Sperrzone und Schutzstreifen. Das Paß- und Meldewesen stellte ebenfalls gültige Reisedokumente für das Ausland (Paß) aus.

Neben ihren spezifischen Aufgaben auf dem Bahngelände der Deutschen Reichsbahn und in den Zügen oblag der Transportpolizei auch die Durchsetzung der Grenzordnung. So erfolgte die Kontrolle von Personen bezüglich der Berechtigung zur Einreise in die Sperrzone (Fahrt vom Oberen Bahnhof in Plauen zum Haltepunkt Grobau oder zum Grenzbahnhof Gutenfürst). In einer Art Vorkontrolle wurden Personen überprüft, die im grenzüberschreitenden Reiseverkehr Züge benutzten. Das ist nicht zu verwechseln mit der eigentlichen Paßkontrolle innerhalb der jeweiligen Grenzübergangsstelle, welche durch die Paßkontrolleinheit durchgeführt wurde.

Die Zellstoff- und Papierfabrik Blankenstein und die Lederfabrik Hirschberg verfügten über je ein Betriebsschutzkommando, welches zur Deutschen Volkspolizei gehörte. Neben spezifischen Aufgaben oblag auch ihnen die Durchsetzung des Grenzgesetzes.

Freiwillige Helfer der Deutschen Volkspolizei (VP-Helfer)

Die Tätigkeit als – VP-Helfer – war ehrenamtlich. Bürger der DDR konnten VP-Helfer werden, wenn sie das achtzehnte Lebensjahr vollendet hatten. Eine persönliche Bewerbung war möglich oder man wurde durch den jeweiligen Betrieb bzw. die Einrichtung vorgeschlagen, in der man arbeitete. Daraufhin bestätigte der Leiter der zuständigen Dienststelle der Volkspolizei die Bewerbung.

Ihr Einsatz sollte dazu beitragen, die Volkspolizei bei der Aufrechterhaltung der öffentlichen Ordnung und Sicherheit zu unterstützen. Die freiwilligen Helfer der Volkspolizei waren befugt, Mitteilungen zur Weiterleitung an die Volkspolizei entgegenzunehmen, bei Gefahren (Verkehrsunfall, Brand) Sofortmaßnahmen einzuleiten, Personen der nächsten Dienststelle der Volkspolizei zuzuführen, bei entsprechender Befähigung den Abschnittsbevollmächtigten zu vertreten, Verkehrsunterricht durchzuführen, Verkehrsüberwachungen vorzunehmen und Fahrzeuge technisch zu überprüfen.

Im Grenzgebiet oblagen ihnen ähnliche Aufgaben zur Durchsetzung der Grenzordnung wie den FHG. Die Streifentätigkeit wurde nach den selben Einsatzgrundsätzen wie bei den FHG geplant. Dies erfolgte in Verantwortlichkeit des zuständigen Abschnittsbevollmächtigten.

Die freiwilligen Helfer erhielten eine rote Armbinde mit dem Aufdruck Helfer der Volkspolizei und dem Emblem der Deutschen Volkspolizei sowie zu ihrer Legitimation einen Ausweis. Sie waren verpflichtet, über die in Durchführung ihrer Tätigkeit bekanntgewordenen Mitteilungen und Tatsachen gegenüber Unbefugten Stillschweigen zu wahren. Besondere Verdienste wurden durch staatliche Auszeichnungen honoriert.

Ministerium für Staatssicherheit (MfS)

Die Struktur des MfS war u. a. in Hauptabteilungen, Abteilungen und weitere Elemente gegliedert. Dem Minister für Staatssicherheit unterstanden die Leiter der 15 Bezirksverwaltungen direkt. Zu einer Bezirksverwaltung des MfS gehörten mehrere Kreisdienststellen. Die Strukturelemente des Ministeriums existierten in abgewandelter Form ebenfalls in den Bezirksverwaltungen und in den Kreisdienststellen.

So gab es u. a. auch die Hauptabteilung VI. Ihr unterstanden die Paßkontrolleinheiten an den Grenzübergangsstellen der DDR. Äußerlich waren sie von den Angehörigen der Grenztruppen nicht zu unterscheiden, da sie dieselbe Uniform trugen. Wie bereits aus dem Namen ersichtlich, oblag ihnen die Kontrolle der Personen und der Reisedokumente im grenzüberschreitenden Verkehr.

Der Hauptabteilung I des MfS war die – Verwaltung 2000 – zugeordnet. Bestandteil ihrer Tätigkeit war die Überwachung des Personalbestandes der Grenztruppen. Es kann davon ausgegangen werden, daß die Auswahl der Personen, die für den Wehrdienst in den Grenztruppen vorgesehen waren, mit dem

Referat Abwehr von Angriffen
gegen die NVA/Wehrkreiskommandos,
Sicherung militärischen Berufsnachwuchses für die NVA

der jeweiligen Kreisdienststelle bzw. den Bezirksverwaltungen abgestimmt wurde.

Durch die Mitarbeiter der -Verwaltung 2000- wurden gemeinsam mit den Vorgesetzten der Grenztruppen Personalanalysen vorgenommen. Gegenstand dieser Personalanalysen waren mehr oder weniger folgende Fragen:

- Welche Haltung nimmt der Angehörige der Grenztruppen gegenüber dem Staat DDR ein?
- In welcher Form beteiligt er sich am politischen Leben?
- Wie ist seine Dienstauffassung?
- Über welche Fähigkeiten und Fertigkeiten verfügt er?
- Ist er bereit, bei Notwendigkeit die Schußwaffe anzuwenden?
- Zu wem hat er innerhalb des Dienstkollektivs Kontakt?
- Wie gestalten sich seine privaten Verhältnisse?
- Über welche charakterlichen Stärken und Schwächen verfügt er?
- Werden durch ihn oder Verwandte und Bekannte Kontakte zu Personen im westlichen Ausland unterhalten?
- Ist die Gefahr der Fahnenflucht gegeben?

Aus der Beantwortung dieser Fragen wurden Schlußfolgerungen für den weiteren Einsatz abgeleitet. So gab es Angehörige der Grenztruppen, die nur in Ausbildungseinheiten bzw. in Stabseinheiten Dienst verrichten durften. Ihre Zuverlässigkeit galt als eingeschränkt. Aufgrund der getroffenen Einschätzung erfüllten die Angehörigen der Grenztruppen ihre dienstlichen Aufgaben nur in der Sperrzone, im Schutzstreifen oder auf dem sogenannten vorgelagerten Hoheitsgebiet der DDR. Oftmals wurden auch Einschränkungen in der Form wirksam, daß Angehörige der Grenztruppen nur zum Wachdienst an den Kasernenobjekten oder als Posten auf Führungsstellen eingesetzt wurden. In einigen Fällen wurde auch darüber verfügt, welche Angehörigen der Grenztruppen gemeinsam eingesetzt werden durften. Die getroffenen Entscheidungen basierten auch auf Mitteilungen von Angehörigen der Grenztruppen, die mit den Abwehroffizieren der Verwaltung 2000 zusammenarbeiteten.

1986 kamen Grenzbeauftragte des MfS zum Einsatz. Ihr Wirkungsfeld war u. a. die Koordinierung des Kräfteeinsatzes der Grenztruppen, FHG, Deutsche Volkspolizei und VP-Helfer zu überwachen. Sie waren Bindeglied zwischen den jeweiligen Kreisdienststellen des MfS, den Dienststellen der Grenztruppen, den Gruppenposten Grenze der Deutschen Volkspolizei und anderen Einrichtungen auf Kreisebene. Sie verfügten über Informationen, welche die Befehle der Vorgesetzten der Grenztruppen beeinflußten. Durch sie wurden die Anregungen gegeben, das vorhandene Beobachtungssystem zu vervollkommnen. So ist aus dem Kreis Lobenstein folgendes Beispiel bekannt. Gemeinsam wurden mit Grenzaufklärern Hochstände in der Sperrzone errichtet. Sie sollten eine noch schnellere Feststellung von Personen ermöglichen, die in das Grenzgebiet eingedrungen waren. Das Wirken der Grenzbeauftragten war weiterhin darauf gerichtet, Verstöße gegen das Grenzgesetz, gültige Befehle und Weisungen festzustellen. Sie veranlaßten deren Beseitigung. Dies betraf u. a. die Gewährleistung der Verschlußsicherheit einzelner Gebäude durch den jeweiligen Besitzer (Grenzverletzer hätten übernachten können). Mängel, welche die Sperrwirkung von Grenzsicherungsanlagen beeinflußten, mußten ebenfalls kurzfristig beseitigt werden (zum Beispiel lose Holzstücke, die zur Überwindung des Grenzsignalzauns hätten dienen können).

In der Phase der Grenzöffnung 1989/90 erregte der Einsatz von Mitarbeitern des MfS aus den Kreisdienststellen und anderen Dienstbereichen an den Grenzübergangsstellen die Gemüter. So wurden Mitarbeiter der Kreisdienststellen Zwickau und Reichenbach an der Grenzübergangsstelle Autobahn A 72 Hof – Plauen zur Kontrolle des Reiseverkehrs eingesetzt. Nach zahlreichen Protesten durch die Bevölkerung wurden sie von den Grenzübergangsstellen entfernt.

Durch Recherchen wurde bekannt, daß innerhalb des MfS die Abteilung XVII – Grenze – existierte. In dem Buch „Das unheimliche Erbe“ vom Forum Verlag Leipzig findet man Aussagen dazu. Das Interesse galt u. a. den Polizeivollzugsbeamten des BGS, den Grenzschutzverwaltungen, der Bayerischen Grenzpolizei, der Berliner Polizei und den im Grenzvorfeld Tätigen. Grenzschleusungen vorzubereiten und durchzuführen, war ebenfalls Inhalt der Tätigkeit dieser Abteilung. So wird von einem Grenztest mit einem IM berichtet. Für diesen Test wurde in dem Beispiel der Bereich der Arbeitsgruppe Plauen vorgeschlagen.

Aus verschiedenen Gesprächen ist zu entnehmen, daß die Lehrgrenze in der Nähe von Pöllwitz im Landkreis Zeulenroda für die Vorbereitung von IM auf den Grenzübertritt genutzt worden sein soll.

Offiziell diente die Lehrgrenze für Ausbildungszwecke durch die Offiziershochschule bzw. später durch das Grenzausbildungsregiment Plauen der Grenztruppen der DDR.

In dem Dokument Nr. 10 wurden die Grundsätze für eine operative Grenzschleuse formuliert. Die wesentlichen Punkte waren:

„... Eine operative Grenzschleuse ist ein konkret bezeichnetes Gebiet an der Staatsgrenze, welches die An- und Abfahrtswege zum betreffenden Grenzabschnitt auf DDR-Territorium, den konkreten Abschnitt im Handlungsbereich der Grenztruppen der DDR, die Grenzsicherungsanlagen, das vorgelagerte DDR-Territorium, die An- und Abfahrtswege im feindlichen Grenzvorfeld bis zu einem konkret festgelegten Punkt umfaßt, von dem aus der zu schleusende IM selbstständig einen Einsatz im Operationsgebiet fortsetzt bzw. zu dem er sich selbstständig begibt, um in Richtung DDR geschleust zu werden. Die feindlichen Überwachungsorgane (BGS, GZD und BGP) sind trotz Intensivierung und Koordinierung von Suchmaßnahmen nach Grenzschleusen objektiv nicht in der Lage, eine lückenlose durchgängige Grenzüberwachung durchzuführen. Es ist davon auszugehen, daß der Feind über Kenntnisse verfügt, wonach das MfS mit Grenzschleusen arbeitet. Die Arbeitsgruppe „G“ gewährleistet die konspirative Überwindung der Staatsgrenze und den konspirativen Transport operativen Materials durch operative Kräfte unter Umgehung des Grenzsicherungssystems der Grenztruppen der DDR sowie des feindlichen Überwachungs- und Kontrollsystems ..."

Durch die Unterabteilung der Verwaltung 2000 eines Grenzregiments und deren Gruppierung – Grenzaufklärung feindwärts – wurden solche Grenzschleusungen unterstützt.

Der Einsatz von Kräften der Verwaltung 2000 / Grenzaufklärung feindwärts wurde den zuständigen Vorgesetzten der Grenztruppen kurzfristig mitgeteilt. Diese Mitteilung beinhaltete den Tag, die Uhrzeit, die Dauer, den Handlungsabschnitt, den Namen/Nummer des Tores im Grenzsignalzaun zur Einfahrt in den Schutzstreifen und eine Zahlenkombination, mit der sich diese Kräfte über Grenzmeldenetz anmeldeten bzw. abmeldeten. An- und Abmeldung waren erforderlich aufgrund der elektronischen Torsicherung im Grenzsignalzaun.

Für den Handlungsraum dieser Kräfte des MfS war festgelegt, daß sich dann dort keine regulären Kräfte der Grenztruppen aufzuhalten hatten.

Neben dem Grenzregime der Grenzüberwachungsorgane der BRD waren für die Verwaltung 2000/Grenzaufklärung feindwärts auch andere Dinge interessant.

So nutzte man ihrerseits Gespräche mit Angehörigen der Grenzüberwachungsorgane, um etwas über die rechte Szene in der BRD zu erfahren. Man befürchtete Auswirkungen durch Rechtsradikale auf das gesellschaftspolitische System in der DDR. In einer Dokumentation des Polizeijournals (Bayerische Grenzpolizei – eine Spezialpolizei stellt sich vor) vom November 1982 heißt es:

„... Seit 1978 besteht für die vom Gebiet der DDR aus operierenden offensiven Nachrichtendienste die Anweisung, ‚künftig verstärkt' bewährte Mitarbeiter an die Gegebenheiten der ‚grünen' Grenze zu gewöhnen ...

Diese Korrektur des nachrichtendienstlichen Einsatzkonzeptes ist mit auf das ‚engmaschige' Paßkontrollverfahren der Bayerischen Grenzpolizei zurückzuführen. Der Weg über die ‚grüne' Grenze mindert, gestützt auf vorbereitende und flankierende Maßnahmen, das Entdeckungsrisiko, da er den Kontrollmechanismen ausweicht. Er soll zudem an Verhältnisse in (Krisen)-Zeiten ohne Reiseverkehr gewöhnen, in denen die Schleuse an der ‚grünen' Grenze von besonderer Bedeutung ist ..."

Die Funkaufklärung im unmittelbaren Grenzgebiet der DDR zur BRD wurde ebenfalls durch das MfS betrieben. Noch vorhandene Stahlgittermasten mit Kuppeln, welche die technischen Anlagen vor Witterungseinflüssen schützten, sind zu sehen. Der dazugehörige Gebäudekomplex in Rodacherbrunn im Landkreis Lobenstein wird heute zivil genutzt. Noch aus großer Entfernung, u. a. von der Ortschaft Ullitz an der B 173, kann man den Stahlgittermast mit Kuppel auf dem Kandelstein sehen. Jetzt beherbergt der Flachbau unterhalb des Kandelstein im Landkreis Plauen ein Tierheim.

Das Wirken des MfS war auch darauf ausgerichtet, festzustellen, aus welcher Motivation heraus Bürger der DDR ihr Land verließen. Aus einer Einschätzung vom 9. September 1989, welche in dem Buch „Befehle und Lageberichte des MfS" von der Basisdruck Verlagsgesellschaft mbH veröffentlicht wurde, ist nachzulesen:

- Unzufriedenheit über die Versorgungslage
- Verärgerung über unzureichende Dienstleistungen
- Unverständnis für Mängel in der medizinischen Betreuung und Versorgung
- Eingeschränkte Reisemöglichkeiten innerhalb der DDR und nach dem Ausland

- Unbefriedigende Arbeitsbedingungen und Diskontinuität im Produktionsablauf
- Unzulänglichkeiten / Inkonsequenz bei der Anwendung / Durchsetzung des Leistungsprinzips
- Unzufriedenheit über die Entwicklung der Löhne und Gehälter
- Verärgerung über bürokratisches Verhalten von Leitern und Mitarbeitern staatlicher Organe, Betriebe und Einrichtungen sowie über Herzlosigkeit im Umgang mit Bürgern
- Unzufriedenheit über die Medienpolitik

Nach Auffassung des MfS waren weitere Motive für das Verlassen der DDR (im geringen Umfang): Eheschließung, Familienzusammenführung, persönliche Konflikte, Abenteuerlust und Bestrebungen, sich der strafrechtlichen Verantwortung zu entziehen.

In den Bezirksverwaltungen des MfS existierten sogenannte Spezialkommissionen. Ihnen oblag die Untersuchung gelungener bzw. mißglückter Grenzübertritte. Mit Hilfe von Fototechnik wurden beispielsweise Spuren dokumentiert, die von einem Grenzübertritt herrührten. Hilfsmittel, die zur Überwindung der Sperranlagen genutzt wurden, fotografierte man. Die Ergebnisse der Ermittlungen der Spezialkommission wurden bei Gerichtsverfahren durch den Staatsanwalt zur Formulierung der Anklage des Versuches oder auch erfolgten illegalen Grenzübertritts genutzt.

Zollverwaltung der DDR

Die Zollverwaltung der DDR setzte die zoll- und devisenrechtlichen Bestimmungen durch. Sie war in Bezirksverwaltungen eingeteilt. Weiterhin existierten Binnenzoll-, Postzoll- und Grenzzollämter. Für Qualifizierungszwecke verfügte die Zollverwaltung über ein eigenes Institut. Bei der Einreise in die DDR lag der Schwerpunkt der Kontrolle u. a. bei Druckerzeugnissen und Tonträgern. Nicht alle Zeitungen, Zeitschriften und Bücher bzw. Schallplatten und Kassetten durften in die DDR eingeführt werden. Bei der Ausreise ging es darum, festzustellen, inwieweit man Waren aus der DDR ausführte, die einem Ausfuhrverbot unterlagen. Der Zollverwaltung war der Grenzveterinärdienst zugeordnet. Er setzte die gesetzlichen Bestimmungen durch, die in der DDR bezüglich der Ein- Ausfuhr und dem Transit von lebenden Tieren galten. Das gleiche traf auf Rohstoffe und Lebensmittel tierischer Herkunft zu.

Weiterhin existierte ein Staatlicher Pflanzenquarantänedienst.

Zur Luftraumüberwachung stimmte man Maßnahmen mit dem Kommando Grenztruppen ab. Die eingesetzten Grenzsicherungskräfte beobachteten visuell den Luftraum. Sogenannte Luftraumverletzungen meldeten sie an die funktechnischen Kompanien der Luftstreitkräfte/Luftverteidigung weiter. Die Bestimmungen sahen vor, daß eine direkte Meldung über vorhandene Nachrichtenmittel vom Grenzposten im Gelände über die Führungsstelle, den operativen Diensthabenden des Bataillons und des Regiments direkt zur funktechnischen Kompanie erfolgte. Die Praxis zeigte jedoch, daß dies nicht immer möglich war. Besonders die Tonqualität erschwerte die Verständigung über die einzelnen Zwischenstationen.

In der Meldetätigkeit unterschied man eine Sofortmeldung und eine Ergänzungsmeldung. Eine solche Meldung mußte mit dem Kennwort „Luft" angekündigt werden. Jedem Grenzregiment war eine Nummer zugeordnet. Das Grenzregiment Plauen hatte die Nummer 12. Die Sicherungsabschnitte, ab 1983 Grenzabschnitte, wurden ebenfalls mit Nummern bezeichnet. Aus beiden Nummern entstand eine Zahlenkombination.

Beispiel: Grenzabschnitt 1 Raum Lehesten Landkreis Lobenstein 1201.

Die Beobachtung eines nicht genehmigten Einfluges von einem Luftfahrzeug wurde mit dem Kennwort „Motor" angekündigt. Dem Ausflug in Richtung BRD gab man das Kennwort „Zikada".

Um die Truppe entsprechend zu schulen, wurden Meldeübungen durchgeführt. Dabei bediente man sich der Kennwortbezeichnung „Diesel 13".

Die Luftmeldungen beinhalteten insbesondere Datum, Uhrzeit, Art des Luftfahrzeuges, Anzahl, Flughöhe und Flugrichtung.

An der Decke einer Führungsstelle bzw. eines Beobachtungsturms war eine Windrose aufgezeichnet. Sie diente als Hilfsmittel zur exakten Bestimmung der Flugrichtung eines Flugkörpers.

Eine Nachbildung der Scheibe eines Kompasses war an den Objekteingängen aufgebaut. Der Wachposten sollte hiermit ebenfalls bei Notwendigkeit die Flugrichtung angeben können.

In gewissem Umfang waren auch russische Sprachkenntnisse gefordert. Dies war notwendig, weil die funktechnische Einheit Stelzen der Gruppe der Sowjetischen Streitkräfte in Deutschland mit zum Meldesystem gehörte.

Das Grenzregiment Plauen war weiter mit den funktechnischen Kompanien Neustadt im Landkreis Auerbach und Lehesten im Landkreis Lobenstein verbunden.

Anfang der achtziger Jahre begann man den Wetzstein bei Lehesten für die Beobachtung des Luftraums zu nutzen. Hierzu wurde eine Einheit der Luftstreitkräfte/ Luftverteidigung aus dem östlichen Teil der DDR nach Lehesten verlegt. Das wurde mit der Stationierung von Marschflugkörpern und Mittelstreckenraketen in der Bundesrepublik begründet. Die Überlegungen gingen sogar soweit, daß Grenzsicherungskräfte eventuell Marschflugkörper, welche das Radar nicht erfassen konnte, feststellen sollten.

Im Zeitraum 1977 bis 1980 gab es drei spektakuläre Ereignisse, die sich im Verantwortungsbereich des Grenzregiments Plauen zugetragen haben. Dazu zählte der Grenzübertritt zweier Familien, welche mit einem Heißluftballon von Heinersdorf im Landkreis Lobenstein nach Naila im Landkreis Hof gelangten. Damals existierten Schilder, auf denen geschrieben stand, „NAILA 20 Minuten."

Aufgrund ungenügenden Aufwindes mußte ein Segelflieger aus Zwickau zwischen Blankenberg und Birkenhügel im Landkreis Lobenstein notlanden. Unbeabsichtigt hatte er dabei bereits die Saale in Richtung Unterkemlas (Landkreis Hof) überflogen.

Das dritte Ereignis war der Überflug mit einem Agrarflugzeug von Leipzig nach Rudolphstein. Der Pilot nutzte zur Orientierung die Autobahn A 9.

Gruppe der Sowjetischen Streitkräfte in Deutschland (GSSD)

Die GSSD hatte entscheidenden Einfluß bei der Schaffung von Grenzsicherungskräften in ihrer Besatzungszone bzw. später in der DDR. Noch bis 1958 existierten Berater in der damaligen Deutschen Grenzpolizei. Auf dem Blosenberg im Landkreis Oelsnitz im Vogtland unterhielten sie einen eigenen Beobachtungspunkt. Funktechnische Einheiten überwachten den Luftraum an der westlichen Begrenzung des Warschauer Paktes. Zu ihnen zählte auch die Einheit Stelzen im Landkreis Schleiz.

Als strategisch bedeutsam schätzte man die sogenannte „Plauener Pforte" ein. Deshalb existierten in Plauen u. a. ein Gardemotschützen- und ein Panzerregiment. Im Fall einer bewaffneten Auseinandersetzung zwischen NATO und Warschauer Pakt wären diese Truppenteile zuerst zum Einsatz gelangt. Der Veränderungen der Infrastruktur im grenznahen Raum schenkte man die notwendige Beachtung. Hierzu wurden die betreffenden Vorgesetzten eingewiesen.

Es gibt noch einen weiteren Zusammenhang zwischen Grenze und Sowjetarmee. Dies sind erfolgte Fahnenfluchten durch Angehörige der Sowjetischen Streitkräfte in Deutschland. In einer Reihe von Fällen begingen sowjetische Soldaten Fahnenflucht in der Hoffnung, sich in der BRD oder einem anderen Land eine neue Existenz aufbauen zu können.

Bataillonssicherung

Seit Mitte der siebziger Jahre bis August 1983 wurde durch das Grenzregiment Plauen die Bataillonssicherung durchgeführt. Das GR-Plauen verfügte zu diesem Zeitpunkt neben dem Stab und Stabseinheiten über drei Grenzbataillone. Seine Dislokation (Ausdehnung) erstreckte sich von Lehesten im Landkreis Lobenstein bis zum Dreiländereck im Landkreis Oelsnitz im Vogtland.

Der Stab des I. Grenzbataillons befand sich in der Zschachenmühle im Landkreis Lobenstein. Dem I. GB waren unterstellt:

- die 1. Grenzkompanie mit Standort Lehesten
- die 2. Grenzkompanie mit Standort Brennersgrün

– die 3. Grenzkompanie mit Standort Rodacherbrunn
– die 4. Grenzkompanie mit Standort Schlegel

Der Stab des II. Grenzbataillons befand sich in Göttengrün im Landkreis Schleiz. Dem II. GB waren unterstellt:
– die 5. Grenzkompanie mit Standort Harra
– die 6. Grenzkompanie mit Standort Birkenhügel
– die 7. Grenzkompanie mit Standort Hirschberg
– die 8. Grenzkompanie mit Standort Juchhöh

Die Grenzübergangsstelle Hirschberg war zunächst dem Grenzkommando SÜD unterstellt. Der Stab des III. Grenzbataillons befand sich in Posseck im Landkreis Oelsnitz im Vogtland. Dem III. GB waren unterstellt:
– die 9. Grenzkompanie mit Standort Gutenfürst
– die 10. Grenzkompanie mit Standort Wiedersberg
– die 11. Grenzkompanie mit Standort Posseck
– die 12. Grenzkompanie mit Standort Posseck

Im Standort Posseck waren zwei Grenzkompanien und der Bataillonsstab in einem Objekt untergebracht. Die Grenzübergangsstelle Gutenfürst war dem Grenzregiment direkt unterstellt.

Der Grenzabschnitt eines Grenzbataillons war in der Bataillonssicherung in vier Sicherungsabschnitte unterteilt. In jedem Sicherungsabschnitt befand sich eine Führungsstelle. Sie wurde durch einen befähigten Vorgesetzten besetzt. Neben den befohlenen Grenzposten war in jedem Abschnitt eine Kontrollstreife eingesetzt. Ausgerüstet mit einem Fahrzeug, Funkgerät und zur Nachtzeit mit Spurenlampe mußte sie Auslöseursachen von Grenzsignalzäunen und Minen ermitteln.

Anhand des II. Grenzbataillons soll die Lage der Sicherungsabschnitte und die Einsatzgrundsätze in der Bataillonssicherung weiter erläutert werden.

Lage der Sicherungsabschnitte (SiA):

SiA V erstreckte sich zwischen Blechschmidtenhammer – Ortslage Blankenstein/ Blankenberg – Werk II und der Zellstoff- und Papierfabrik Blankenstein. Die Führungsstelle befand sich zunächst auf dem Rehberg, später in der Ortslage Blankenstein direkt am Ufer der Saale.

SiA VI erstreckte sich Untere Waldspitze – Ortschaft Sparnberg – Lehestenwand. Die Führungsstelle befand sich nordöstlich von Sparnberg.

SiA VII erstreckte sich Schlammloch – Stadtgebiet Hirschberg – östlicher Ortsrand Venzka (nach Aufbau Sperranlage 501 Verlegung der Trennungslinie auf Höhe Schloß Hirschberg).
Die Führungsstelle befand sich zunächst auf dem Beobachtungsturm IIag, später am nordwestlichen Ortsrand von Hirschberg (Gärtnerei).

SiA VIII erstreckte sich vom östlichen Ortsrand von Venzka (später Schloß Hirschberg siehe SiA VII) – Ortslage Juchhöh / Mödlareuth – Mühlberg. Die Führungsstelle befand sich zunächst auf dem Beobachtungsturm in der Ortschaft Mödlareuth (heute Bestandteil der Außenanlagen des DEUTSCH-DEUTSCHEN MUSEUMS MÖDLAREUTH), später im Dornholz.

Im Stab des Grenzbataillons befand sich die Führungsstelle des Kommandeurs der Grenzsicherung. Ein Kompanieoffizier, in einigen Fällen auch ein Fähnrich, leitete von hier die Grenzsicherung für die Zeit, in der seine Kompanie im Abschnitt des Bataillons eingesetzt war.

In der sogenannten normalen Grenzsicherung war eine Kompanie für 8 Stunden eingesetzt. Jede Kompanie verfügte über vier Züge. Im Wechsel wurde ein Zug einem Sicherungsabschnitt zugeordnet. Die nachfolgende Darstellung soll das Prinzip verdeutlichen.

Beispiel Einsatz der Kompanien:

Montag Grenzkompanie Harra	05.00 Uhr–13.00 Uhr
Montag Grenzkompanie Juchhöh	13.00 Uhr–21.00 Uhr
Montag Grenzkompanie Birkenhügel	21.00 Uhr–Dienstag 05.00 Uhr
Dienstag Grenzkompanie Hirschberg	05.00 Uhr–13.00 Uhr
Dienstag Grenzkompanie Harra	13.00 Uhr–21.00 Uhr

Beispiel Einsatz der Züge:

Montag Grenzkompanie Harra 05.00 Uhr–13.00 Uhr

SiA V	SiA VI	SiA VII	SiA VIII
1. Zug	2. Zug	3. Zug	4. Zug

Aus der Darstellung ist ersichtlich, daß eine Grenzkompanie innerhalb von 32 Stunden 8 Stunden zur Grenzsicherung eingesetzt wurde. Jeweils 1½ Stunden waren der Dienstvorbereitung und der Dienstnachbereitung vorbehalten. Weitere Zeitanteile waren berechnet für Ruhe, Ausbildung, Wartungsmaßnahmen und Freizeit, wobei der Freizeitanteil sehr gering war. In der Regel konnte nur nach dem sogenannten Frühdienstaufzug den Soldaten Ausgang gewährt werden. Dies erfolgte meistens von 18.00 Uhr bis 24.00 Uhr. Ein Teil der Truppe hatte nach dem bereits genannten Frühdienstaufzug als Alarmgruppe im Gelände bereitzustehen. Nach der offiziellen Dienstzeit von 05.00 Uhr bis 13.00 Uhr kamen sie von 17.00 Uhr bis zum anderen Tag 07.00 Uhr nochmals zum Einsatz. Sie konnten sich nur im sogenannten Alarmgruppenraum der Führungsstelle ausruhen. Zu einer solchen Alarmgruppe gehörten vier Angehörige der Grenztruppen. Sie waren mit einem Fahrzeug ausgerüstet. Ihr Einsatz erfolgte nach Bedarf.

Dieses Sicherungssystem war mit zahlreichen Aufwendungen verbunden. Sicherlich war der oftmals lange Anmarschweg in den Grenzabschnitt nicht mehr vertretbar (Harra–Mödlareuth). Dies mag einer der Gründe gewesen sein, um diese Sicherungsart aufzugeben.

Polenkrise

Man schrieb das Jahr 1981. Die Ereignisse in der damaligen Volksrepublik Polen überschlugen sich. Im Dezember des gleichen Jahres hatte Jaruzelski den Ausnahmezustand verhängt.

Die Partei- und Staatsführung der DDR befürchtete Auswirkungen auf das eigene Land. Waren bisher die Grenzen nach Westen und um Berlin militärisch gesichert, galt es Überlegungen bezüglich der Grenze zu Polen anzustellen. So entwickelte sich der Gedanke, grenzsichernde Einheiten von der Grenze zur Bundesrepublik abzuziehen und diese an der polnischen Grenze einzusetzen.

Aus dem Grenzregiment Plauen war zunächst die Grenzkompanie Wiedersberg vorgesehen. Sie erfüllte aber nicht die notwendigen sicherheitspolitischen Voraussetzungen.

Man entschied sich für die Grenzkompanie Brennersgrün. Bedingt durch den harten Winter ging man von der Bataillonssicherung zur Kompaniesicherung über. Damals erstreckte sich der Grenzabschnitt der Kompanie Brennersgrün von der sogenannten KP-Straße (Lehesten–Ziegelhütte) über Brennersgrün bis zur Sumpfwiese östlich der Ortschaft Grumbach.

Es begann das Training von Handlungsabläufen, die zum Ziel hatten, die Kompanie so schnell wie möglich an die polnische Grenze zu verlegen. Beim Training blieb es. Die Entwicklung der politische Lage um die Jahreswende 1981/82 erübrigte den geplanten Schritt.

Foto Fotozirkel Dienststelle Schlegel der GT der DDR; Grenzkompanie Schlegel vor dem Marsch zur Grenzsicherung

Fotoreproduktion: Schaffner

Kandelstein; es sind Antennenanlagen zu sehen, welche zur Funkaufklärung genutzt wurden.

Foto: Schaffner

Propagandamaterial Deutsche Volkspolizei; VP-Helfer mit Abschnittsbevollmächtigten auf Streife

Fotoreproduktion: Schaffner

Foto Gebauer Armeerundschau 1985; Grenzsoldaten der Grenzkompanie Lehesten mit Motorschlitten Buran

Fotoreproduktion: Schaffner

Blick auf den Blosenberg. Der vorhandene Beobachtungsturm wurde durch die Gruppe der Sowjetischen Streitkräfte in Deutschland genutzt.

Foto: Schaffner

Sogenannter Grenzzaun I mit Kolonnenweg und Kfz-Sperrgraben bei Brennersgrün. Rechts im Vordergrund ist eine Grenzsäule zu sehen.

Foto: Schaffner

Variante Grenzregime 1985

Außerhalb Grenzgebiet:

Funktechnische Einheiten der Gruppe der Sowjetischen Streitkräfte in Deutschland kontrollierten den Luftraum über die Grenze hinweg. Beispiel: Funktechnische Einheit Stelzen im Landkreis Schleiz.

Durch die Transportpolizei erfolgte die Kontrolle der Züge, die in das Grenzgebiet einfuhren oder die Grenze in Richtung BRD passierten. Beispiel: Plauen Oberer Bahnhof (vgl. Abschnitt Deutsche Volkspolizei).

Am Fahrkartenschalter des Kraftverkehrskombinats mußten sich die Käufer von Fahrkarten für das Grenzgebiet entsprechend ausweisen. Beispiel: Busbahnhof Schleiz.

Rand Grenzgebiet:

Zufahrtsstraßen zum Grenzgebiet waren mit Kontrollstellen der DVP versehen.
Beispiel: Landkreis Schleiz,
Kontrollstelle Blintendorf– A 9,
Kontrollstelle Dobareuth heutige B 2 und Zufahrt Hirschberg,
Kontrollstelle Haidefeld Zufahrt Gebersreuth und Mödlareuth.

Anmerkung:

Die Kontrollstellen waren nicht immer besetzt. Oftmals wurden durch die Angehörigen der DVP, welche die Kontrollstellen besetzten, auch Fuß- und Fahrzeugstreifen durchgeführt. In Einzelfällen wurden Kontrollstellen durch Freiwillige Helfer der Volkspolizei oder durch Angehörige der Grenztruppen besetzt.

Weiterhin existierten bewegliche Schlagbäume an den Zufahrtsstraßen zum Grenzgebiet. Diese waren mit einem Zahlenschloß versehen. Die Zahlenkombination war nur einem ausgewählten Personenkreis bekannt (Angehörige der Grenztruppen, der DVP und Angestellten regionaler Einrichtungen/Betriebe u. a. LPG).

Beispiel beweglicher Schlagbaum: Landkreis Schleiz,
Alte Hirschberger Straße.

Sperrzone:

Funktechnische Einheiten der Luftstreitkräfte/Luftverteidigung der NVA überwachten den Luftraum grenzüberschreitend.

Beispiel: Funktechnische Kompanie Lehesten, Landkreis Lobenstein.

In Einzelfällen wurden Straßen in zeitlicher Abstimmung zwischen Grenztruppen und Volkspolizei kontrolliert.

Beispiel: heutige B 173 Abschnitt Großzöbern, bis Abzweig Wiedersberg.

Durch die Abschnittsbevollmächtigten der Deutschen Volkspolizei wurde ebenfalls Streifendienst versehen. Zeit und Anzahl der Stunden waren abhängig von anderen Aufgabenstellungen.

Beispiel: ABV Krebes im Landkreis Plauen, von 18.00 Uhr–22.00 Uhr Ortsausgang Krebes bis Burgstein.

Freiwillige Helfer der Volkspolizei konnten ähnlich eingesetzt werden.

Weiterhin erfolgte der Einsatz von Grenzaufklärern in Abstimmung mit der Volkspolizei.

Beispiel: Grenzaufklärer der Grenzkompanie Gutenfürst, von 19.00 Uhr–3.00 Uhr. Wegegabel Ruderitz–Großzöbern–Krebes.

Der Einsatz von FHG erfolgte wie unter FHG beschrieben.

Beispiel: FHG von 16.00 Uhr bis 18.00 Uhr, Ortslage Sachsgrün, Landkreis Oelsnitz im Vogtland.

Durch die 13. Grenzkompanie Posseck wurden Grenzposten in Einsatzabschnitten eingesetzt.

Beispiel: 20.00 Uhr–3.00 Uhr 3 Grenzposten und eine Kontrollstreife, entlang der Ortsverbindungsstraße Kemnitz–Grobau

Durch das Grenzausbildungsregiment-12-Plauen wurden Kräfte bei Fahndungsmaßnahmen eingesetzt.

Beispiel: Ortsverbindungsstraße Gutenfürst Landkreis Plauen–Heinersgrün, Landkreis Oelsnitz, im Vogtland.

Rand Schutzstreifen:

Mit entsprechenden technischen Mitteln wurde durch das MfS Funkaufklärung betrieben.

Beispiel: Kandelstein, Landkreis Plauen

Sowjetische Hubschrauber (MI-24, MI-8) flogen zu Aufklärungszwecken die Grenze ab. Oftmals starteten sie von Standorten der funktechnischen Einheiten der Gruppe der Sowjetischen Streitkräfte in Deutschland. Anlaß ihrer Einsätze waren auch Verletzungen des DDR-Luftraums durch Luftfahrzeuge aus Richtung BRD.

Beispiel: Standort Stelzen, Kreis Schleiz.

Es erfolgte der Einsatz von Grenzaufklärern in bestimmten Geländeabschnitten.

Beispiel: 14.00 Uhr–22.00 Uhr Grobauer Block Landkreis Plauen.

Grenzposten wurden zur Kontrolle des 2-Meter-Kontrollstreifens am Grenzsignalzaun befohlen.

Beispiel: Grenzposten der Grenzkompanie Wiedersberg im Grenzabschnitt der Einheit
von 13.00 Uhr–19.00 Uhr.

Einsatz von Grenzposten der 13. Grenzkompanie Posseck.

Beispiel: Ein GP im Abschnitt Steinigt, Landkreis Oelsnitz im Vogtland,
von 22.00 Uhr–6.00 Uhr.

Schutzstreifen:

Durch die Gruppe der Sowjetischen Streitkräfte in Deutschland ist das einsehbare Territorium der BRD mit unterschiedlichen Mitteln und Methoden beobachtet worden.

Beispiel: Beobachtungsstelle Blosenberg, Landkreis Oelsnitz im Vogtland

Es wurden Sicherungsposten, Beobachtungsposten, Grenzstreifen und Kontrollen nach bestimmten Gesichtspunkten durch die Grenztruppen der DDR eingesetzt. In jedem Grenzabschnitt einer Grenzkompanie befand sich eine Führungsstelle. Sie war mit einem Kommandeur Grenzsicherung besetzt. Dies war ein entsprechend ausgebildeter Unteroffizier, Fähnrich oder Offizier. Nach Tagesanbruch wurde der 6-Meter-Kontrollstreifen kontrolliert. Routinemäßig flogen Hubschrauber der Grenzfliegerstaffel Meiningen entlang der Grenze. Wartungstrupps setzten Sperranlagen und Nachrichtentechnik instand.

Sicherungsposten überwachten Feld- und Waldarbeiten.

Beispiel: Getreideernte durch KAP Kemnitz „Staatsgrenze West“,
in der Zeit von 10.00 Uhr–18.00 Uhr,
im Abschnitt Stöckigt mit 5 Mähdreschern, 2 LKW,
2 Traktoren, 1 Werkstattwagen und 1 PKW.

Die Ein- und Ausfahrt erfolgte über das Tor Stöckigt im Grenzsignalzaun.

An festgelegten Punkten waren Grenzübergangsstellen eingerichtet. Grenztruppen, Paßkontrolleinheiten und Zollverwaltung der DDR kontrollierten den grenzüberschreitenden Verkehr.

Beispiel: Grenzübergangsstelle Hirschberg / Göritz im Landkreis Schleiz Autobahn A 9 Nürnberg–Berlin.

Vorgelagertes Hoheitsgebiet:

Grenzaufklärer beobachteten im offenen und gedeckten Einsatz das einsehbare Grenzgebiet der BRD.

Beispiel: 17.00 Uhr–21.00 Uhr Ortsrand Mödlareuth–Mühlberg Landkreis Schleiz

Die Sicherung von volkswirtschaftlichen Arbeiten erfolgte laut gültigen Befehlen.

Beispiel: Wasserwirtschaftliche Arbeiten an der Selbitz bei Blankenstein Landkreis Lobenstein

Einsehbares Grenzgebiet der BRD:

Angehörige der Grenzüberwachungsorgane der BRD wie Bundesgrenzschutz, Grenzzolldienst und Bayerische Grenzpolizei führten Streifendienst durch. Einzelne Geländepunkte wurden dabei zeitweilig besetzt.

Beispiel: Schlagbaum Ullitz, Landkreis Hof

Von Interesse waren auch Veränderungen im einsehbaren Grenzgebiet der DDR.

Beispiel: Abbau der Sperranlagen 501 (SM-70) (– Selbstschußanlagen –)

Durch die Angehörigen des Panzeraufklärungsregiments Nürnberg der US-Armee erfolgten ebenfalls Beobachtungs- und Aufklärungshandlungen.

Beispiel: Beobachtung der Funktechnischen Kompanie Stelzen der Gruppe der Sowjetischen Streitkräfte in Deutschland im Landkreis Schleiz

Routinemäßig flogen Hubschrauber der Grenzüberwachungsorgane der BRD (GÜO) und der Luftaufklärungskompanie des Panzeraufklärungsregiments Nürnberg (PAklR) der US-Armee entlang der Grenze.

Für den grenzüberschreitenden Verkehr waren ebenfalls Grenzübergangsstellen geschaffen worden. Durch den Bundesgrenzschutz, den Grenzzolldienst und die Bayerische Grenzpolizei wurden die entsprechenden Aufgaben wahrgenommen.

Beispiel: Grenzkontrollstelle Rudolphstein, Landkreis Hof,
Autobahn A 9 Nürnberg–Berlin.

Grenzposten mit Skiern im Grenzabschnitt Posseck

Foto: Schaffner

Wartungstrupp der Grenztruppen der DDR mit W 50

Foto: Schaffner

Routinemäßiger Flug eines Hubschraubers der Grenzfliegerstaffel Meiningen
Foto: Schaffner

Grenzstreife mit Trabant Kübel

Foto: Schaffner

Eine Gruppierung von Vorgesetzten bei einer Kontrollfahrt im Grenzabschnitt Blankenstein

Foto: Schaffner

Postenpaar der Grenztruppen

Grenzsoldat mit Kindern (Arbeitsgemeinschaft „Junge Freunde der Grenzsoldaten")

Postenpaar der Grenztruppen im Winter

Gefechtsmäßige Grenzsicherung

Im Rahmen einer militärischen Auseinandersetzung zwischen NATO und Warschauer Pakt war die Funktion von Grenzsicherungskräften der DDR ebenfalls bestimmt.

Existierende Auffassungen gingen davon aus, daß die Grenztruppe beispielsweise das Beziehen von Ausgangsräumen der Truppen des Warschauer Pakts sichern sollte.

Die bereits im Zusammenhang mit der Gruppe der Sowjetischen Streitkräfte in Deutschland genannte Plauener Pforte nahm dabei eine Sonderstellung ein.

Eine weitere Überlegung bestand darin, auf dem Marsch befindliche Einheiten der NATO zur Entfaltung zu zwingen. Andere Gedanken mündeten darin, das Vordringen von Aufklärungskräften der NATO zu stören, beispielsweise der Fernspähkompanien der Bundeswehr.

Durch Grenzsicherungskräfte sollten in Krisensituationen Sabotage, Spionage und Handlungen durch Diversanten im Grenzgebiet unterbunden werden.

Dazu existierten unterschiedliche Stufen der Gefechtsbereitschaft. Man unterschied zwischen normaler Gefechtsbereitschaft, ständiger Gefechtsbereitschaft, Gefechtsbereitschaft bei Kriegsgefahr und voller Gefechtsbereitschaft.

In 15 bis 20 Minuten mußte eine Grenzkompanie die Marschbereitschaft herstellen, wenn beispielsweise die Stufe Gefechtsbereitschaft bei Kriegsgefahr ausgelöst wurde. In den Einsatzräumen standen soviel Munition, Treibstoff, Verpflegung und andere Versorgungsgüter bereit, daß eine Grenzkompanie etwa zehn Tage ohne Nachschub hätte auskommen können.

Grundlage der gefechtsmäßigen Grenzsicherung war die Idee, die Grenzsicherung aus Kompaniestützpunkten bzw. aus Bataillonsverteidigungsräumen durchzuführen.

Ein Kompaniestützpunkt war etwa wie folgt aufgebaut: Es existierten mehrere Zugstützpunkte, die Kompanieversorgungsstelle und die Beobachtungsstelle des Kompaniechefs.

Ein Zugstützpunkt war in zwei Gruppenstellungen und in die Beobachtungsstelle des Zugführers unterteilt.

Die Bewaffnung einer Gruppe bestand in der Regel aus Maschinenpistolen, einem leichten Maschinengewehr und einer Panzerbüchse. 60 bis 100 Meter breit konnte eine Gruppenstellung sein.

Für die Breite eines Zugstützpunktes waren ca. 400 Meter veranschlagt. Innerhalb des Stellungssystems existierten neben dem Grabensystem Mannschafts- und Fahrzeugunterstände.

In unterschiedlichen Variationen war das Dienstsystem eingeteilt. So gab es die Variante, in der ein Drittel der Mannschaft Ruhe hatte, ein Drittel den Stellungsausbau betrieb und ein Drittel Sicherungsaufgaben erfüllte. Nach acht Stunden erfolgte ein Wechsel.

Ein Kompaniestützpunkt konnte eine Breite von 1500 Metern mit entsprechender Tiefe einnehmen.

Hauptbestandteil der Kompanieversorgungsstelle war die Feldküche. Für kleinere Instandsetzungsarbeiten unter feldmäßigen Bedingungen an Fahrzeugen existierte ein Wartungspunkt, wo u. a. auch die Fahrzeuge betankt wurden. Weiterhin gab es eine Stelle, an der Munitionsreserven lagerten. Ein Notstromaggregat vervollkommnete die Ausrüstung.

Für den Kompaniechef baute man ebenfalls eine Beobachtungsstelle analog dem Zugführer, jedoch in größeren Ausmaßen. Hier war u. a. entsprechende Nachrichtentechnik untergebracht. Über sogenannte Meldeleitungen, welche Bestandteil der Erdverkabelung des Grenzmeldenetzes waren, konnte der Kompaniechef Verbindung zu seinem Bataillonskommandeur halten. Die Verbindung zu den Zugführern erfolgte über Feldfernsprecher. Zusätzlich existierten Funkverbindungen. Zur Kernstrahlungs- und chemischen Aufklärung hatte der Kompaniechef einen sogenannten NPKCA zur Verfügung (Nichtstrukturmäßiger Posten zur Kernstrahlungs- und chemischen Aufklärung).

In dem noch existierenden Grenzabschnitt besorgten Grenzaufklärer in der Regel die Grenzsicherung. Die vorhandene Führungsstelle war je nach Situation besetzt. Über entsprechende Drahtverbindungen erhielt der Kompaniechef eine Übersicht über die Lage in seinem Grenzabschnitt.

Ihm konnten situationsabhängig schwere Panzerbüchsen (SPG-9) und Granatwerfer (AGS-17) unterstellt werden.

Eine weitere Dimension war der Bataillonsverteidigungsraum. Er bestand aus mehreren Kompaniestützpunkten. Seine Breite betrug etwa 3 bis 5 Kilometer mit der notwendigen Tiefe. Die wenigen vorhandenen panzerbrechenden Waffen konnten durch den Bataillonskommandeur konzentriert werden. So war es möglich, in einer panzergefährdeten Richtung acht schwere Panzerbüchsen SPG-9 zusammenzufassen. Während die normale Panzerbüchse RPG-7 eine günstige Schußentfernung von 330 Metern aufwies, konnten durch die schwere Panzerbüchse SPG-9 im direkten Richten gepanzerte Ziele in einer Entfernung von 800 Metern erfolgreich bekämpft werden.

Mit der Grenzöffnung im November 1989 erübrigten sich weitere Gedanken zur gefechtsmäßigen Grenzsicherung.

Verordnung des Ministerrates – Grenzgesetz – Grenzverordnung – Grenzordnung

Auszug aus: Auf Wacht für den Frieden

Protokoll der Veranstaltung zur Auszeichnung des Grenzregiments „Ernst Grube" mit dem Ehrenbanner des Zentralvorstandes der Gesellschaft für Deutsch-Sowjetische Freundschaft am 31. Oktober 1986:

„... Die älteren Genossen werden sich daran erinnern, daß in den ersten Jahren des Bestehens unserer Republik der Gegner nicht gewillt war, von unserem Staat und damit auch seinen Grenzen auch nur Kenntnis zu nehmen. Er organisierte schwere Übergriffe, Konflikte und Unsicherheit in der Bevölkerung.

Auch in diesem Gebiet gab es Überfälle und Anschläge auf Parteimitglieder und andere fortschrittliche Bürger. Ich erinnere mich an Viehdiebstähle und an weitere verbrecherische Handlungen und Sabotage.

Das alles erzeugte Unruhe, auch Zweifel bei Menschen, die an der Grenze zur BRD am meisten davon betroffen waren. Eine Genossin aus dem Kreis Oelsnitz, es war die Genossin Berta Ketzel aus Sachsgrün, trug dem ersten Präsidenten unseres Staates, unserem unvergessenen Genossen Wilhelm Pieck, diese berechtigte Sorge in einem Brief vor.

Der Brief fand bei der Bevölkerung großen Widerhall. Wilhelm Pieck, der sich zu diesem Zeitpunkt – Mai 1952 – anläßlich eines Vortrages an der Bergakademie in Freiberg befand, lud die Genossin Berta Ketzel zusammen mit anderen Genossen aus dem Kreis Oelsnitz ein und empfing sie im Festsaal der Bergakademie.

Genossin Ketzel, die sehr aufgeregt war, wollte ihren Brief verlesen. Unser Genosse Wilhelm Pieck sagte jedoch zu ihr in seiner herzlichen und vertrauenserwekkenden Art:

‚Liebe Genossin, laß den Brief beiseite und erzähle mir, was Du auf dem Herzen hast.'

Frei, offen und unbeschwert hat dann die Genossin Ketzel berichtet, unter welch schweren Bedingungen sie arbeitet und lebt, wie vom Westen her die Entwicklung sabotiert wird, welche Auswirkungen das auf die Grenzgemeinde hat und daß durch diese Provokation die Bevölkerung beunruhigt sei. Im Saal herrschte angespannte Stille. Genosse Wilhelm Pieck antwortete ihr sinngemäß:

‚Gib mir den Brief. Ich verspreche Dir, wir werden sofort mit Maßnahmen zur Sicherung der Staatsgrenze unserer Republik beginnen. Geh nach Hause und berichte den Bauern und Einwohnern, den Genossen, daß sie sich auf uns verlassen und in Ruhe und Frieden arbeiten können.'

So geschah es dann auch. Auf der Grundlage einer Verordnung des Ministerrates vom 26. Mai 1952 wurde an der Grenze zur BRD erstmals eine Sperrzone mit Schutz- und Kontrollstreifen errichtet. Wer von uns älteren Genossen erinnert sich nicht daran, welches Aufatmen durch die Bevölkerung unseres Landes ging, als wir 1961 vor allem durch die Beseitigung der offenen Grenze gegenüber Westberlin erstmalig an allen Teilen der Staatsgrenze ein geordnetes, zuverlässiges Grenzregime schufen und zielstrebig begannen, an der Staatsgrenze zur BRD ein System der Ordnung und Gewährleistung der Sicherheit aufzubauen..."

Auszug aus: Ost-Kurier

Informationen–Analysen–Berichte
Nummer 2/Juni 1988 München
Das zweigeteilte Deutschland
1952–1953
Herausgeber
Studienzentrum für Ost-West-Probleme e. V.

„...Am 26. Mai 1952, einen Tag vor der Unterzeichnung des EVG-Vertrages durch die Bundesregierung, erließ die Regierung der Deutschen Demokratischen Republik eine ‚Verordnung über Maßnahmen an der Demarkationslinie zwischen der Deutschen Demokratischen Republik und den westlichen Besatzungszonen Deutschlands'.

Bereits seit Anfang Mai war die Bevölkerung propagandistisch auf die ‚notwendigen' Sperr- und Evakuierungsmaßnahmen vorbereitet worden. In Falschmeldungen vom ‚Amt für Informationen' war Bonn beschuldigt worden, Westdeutschlands Zonengrenze in eine Staatsgrenze umzuwandeln. Von ‚westlichen Söldnertruppen und Grenzjägern' war die Rede, ebenso von angeblichen Provokationen ‚westlicher Militaristen an der Demarkationslinie'. Die Bevölkerung wurde zur ,Wachsamkeit und Unterstützung' der staatlichen Sicherheitsorgane aufgefordert, um ,Spione, Agenten und Provokateure... zu entlarven und ihrer gerechten Strafe zuzuführen'. Bittschriften aus Kreisen der Grenzbevölkerung wurden organisiert, die zum Teil unter Druck der örtlichen SED-Dienststellen zustande kamen. Rundfunk und Zeitungen der DDR wurden in diese propagandistische Kampagne eingeschaltet. Schließlich veröffentlichte das SED-Zentralorgan ,Neues Deutschland' am 24. Mai ein Rundfunkinterview mit Innenminister Stoph unter der Überschrift: ,Den Spionen und Saboteuren der Kriegstreiber das schmutzige Handwerk legen!' Stoph versprach in diesem Interview:

,Die Bevölkerung kann sicher sein, daß die Regierung der Deutschen Demokratischen Republik die notwendigen Maßnahmen treffen wird, um solche Provokationen und Terrorakte in den Gebieten, die an der Zonengrenze liegen, zu verhindern, damit die Bevölkerung im gesamten Gebiet der Deutschen Demokratischen Republik ihrer Arbeit in Ruhe und Frieden nachgehen kann und die Gewißheit hat, daß die demokratischen Errungenschaften geschützt werden'.

Propagandistisch waren also umfassende Vorbereitungen zur Sperrung der Grenze getroffen worden. Nun brauchte nur noch auf die Unterzeichnung des EVG-Vertrages durch die Bundesrepublik gewartet zu werden. Dies geschah am 27. Mai. Am gleichen Tage erließ das Ministerium für Staatssicherheit eine ,Polizeiverordnung über die Einführung einer besonderen Ordnung an der Demarkationslinie' ..."

Grenzgebiet

In den durch die DDR 1952 erlassenen gesetzlichen Bestimmungen definierte man zunächst das Grenzgebiet zur BRD näher:

So war die Rede von einem Kontrollstreifen, der sich unmittelbar an die Demarkationslinie anschloß. Ein nachfolgender Geländestreifen hatte eine Breite von etwa 500 Metern. Man bezeichnete ihn als Schutzstreifen. Die Sperrzone bildete den Abschluß. Sie hatte eine Tiefe von ca. 5 Kilometern.

Diese Gliederung des Grenzgebietes zur BRD ist im wesentlichen bis zum 9. November 1989 beibehalten worden.

Etwa 1971/72 gab es Veränderungen in der Bestimmung der räumlichen Ausdehnung von Sperrzone und Schutzstreifen. So gehörte beispielsweise ab diesem Zeitpunkt die Gemeinde Schwand im Landkreis Plauen nicht mehr zur Sperrzone. Die Gemeinde Sachsgrün im Landkreis Oelsnitz nahm man aus dem Schutzstreifen heraus und ordnete sie dem Status Sperrzone zu.

Weitere Beispiele für Veränderungen sind aus der Zeit 1981 bis 1984 bekannt. Aufgrund des veränderten Verlaufs des Grenzsignalzauns nahm man die Ortschaften Titschendorf im Landkreis Lobenstein, Venzka und Juchhöh im Landkreis Schleiz aus dem Schutzstreifen heraus und gliederte sie in die Sperrzone ein.

Grenzverkehr

Die Bestimmungen über den kleinen Grenzverkehr waren ab sofort aufgehoben. Man durfte die Demarkationslinie nur noch mit gültigen Interzonenpässen an den vorgesehenen Kontrollpunkten der Deutschen Grenzpolizei passieren.

Bereits im Herbst 1951 schloß man von östlicher Seite einige Übergänge. Durch die Besatzungsmächte waren ursprünglich die Eisenbahnübergangstellen Ludwigsstadt–Probstzella, Ludwigsstadt–Lehesten und Hof–Gutenfürst genehmigt.

Die Nebenstrecke Ludwigsstadt–Lehesten wurde wieder geschlossen.

In der Ostthüringer Zeitung vom 27. März 1993 war diesbezüglich zu lesen:

„... Mit Einwilligung der Amerikaner und Sowjets fuhr am 17. Juni 1947 der erste Güterzug nach dem Kriege wieder von Probstzella über Ludwigsstadt nach Lehesten (der zweite Zug am 19. Juni). Dazu waren am 17. April 1947 am Falkenstein alle Einzelheiten festgelegt worden: Kein Halt in der amerikanischen Zone, zwei Bedarfsgüterzüge waren vorgesehen, eine Lok von nur 15 t Achsdruck hatte die Reichsbahndirektion Erfurt zur Verfügung zu stellen; die in den Schieferbrüchen beschäftigten Arbeiter konnten in diesen Zügen mitfahren. Die Züge nach Lehesten sollten mit Lokomotiven der Baureihe 86 gefahren werden. Auch die BR 93 fuhr vereinzelt nach Lehesten.

Nach einer gewissen Anlaufzeit verkehrte ein Zugpaar regelmäßig, ein zweites nur nach Bedarf. Zwischen Ludwigsstadt und Lehesten bestand keine Fernsprechverbindung mehr. Deshalb wurden Anfang 1949 auf der freien Strecke bei Kilometer 2,948 eine ‚Fernsprechbude' sowie in einigen Abschnitten Deckungsscheiben aufgestellt, um den Anschluß bei km 2,8 (Hartsteinwerk) sicher bedienen zu können. Alle Güterzüge hatten grundsätzlich bei der Fernsprechbude anzuhalten, um die Genehmigung zur Weiterfahrt nach Ludwigsstadt einzuholen sowie den Abschnitt Lehesten frei zu melden.

Der Transitverkehr von Probstzella über Ludwigsstadt nach Lehesten wurde am 12. Juli 1951 völlig unerwartet wegen Aufdeckung ‚illegaler Transporte von Flüchtlingsgut' in die Bundesrepublik durch die Behörden der DDR eingestellt. Es stimmte tatsächlich: Wagen mit Umzugsgut waren nach Lehesten abgefertigt – kamen jedoch dort oben leer an. Was war geschehen? Hinter der Grenze am Falkenstein warteten Lastwagen auf den Lehestner Zug. In Blitzeseile war das Umzugsgut vom Waggon auf den LKW umgeladen, der Wagen wieder verschlossen, verplombt und nach Lehesten weitergeleitet.

Die Reichsbahn ließ hier Anfang 1952, wie bei vielen anderen Grenzstrecken, auf ihrem Teilstück ab Staatsgrenze bis Lehesten den gesamten Oberbau (Gleise, Schwellen und Schotter) abtragen. Am 28. Mai 1952 war diese Maßnahme beendet ..."

Zum 30. Juni 1990 stellten die beiden anderen Eisenbahnübergänge, wie alle Übergänge an der Grenze zwischen der BRD und der DDR, die Abfertigung ein. Die Festlegungen der Dienstvorschrift DV 018/0/005 aus dem Jahr 1980 zur Gewährleistung der Sicherheit und Ordnung an Eisenbahngrenzübergangsstellen hatten keine Bedeutung mehr. Sie seien hier auszugsweise wortwörtlich genannt:

„...Der Kommandant und die Diensthabenden Offiziere haben die eisenbahnbetrieblichen Festlegungen zur Verhinderung unberechtigter Ein- und Ausfahrten von Schienenfahrzeugen zu kennen und deren Einhaltung zu fordern. Die dazu erforderlichen Entscheidungen werden von den Angehörigen der Deutschen Reichsbahn getroffen. Der Diensthabende Offizier hat die Zustimmung zur Freigabe der Schutzweichen und zur Stellung der Ausfahrtsignale gegenüber dem Fahrdienstleiter erst dann zu geben, wenn

a) die Meldung des Diensthabenden der Paßkontrolleinheit über den Abschluß der Kontrolle vorliegt,
b) die Kräfte der Sicherungseinheit oder die Nachbarn keine Handlungen im Grenzstreckenabschnitt durchführen.

Die Ausfahrt von Reise- oder Güterzügen in Richtung BRD oder Westberlin (mündlich, fernmündlich durch Schlüsselabhängigkeit, Lichtzeichen oder blockelektrisch) ist auf der Grundlage einer vom Kommandeur des Grenzkommandos und vom Präsidenten der zuständigen Reichsbahndirektion bestätigten Ordnung freizugeben.

Von der zuständigen Dienststelle der DR ist zu fordern, daß dem Kommandanten sofort gemeldet werden:

a) alle Veränderungen, Unregelmäßigkeiten und Vorkommnisse im grenzüberschreitenden Reise- und Güterzugverkehr auf dem Grenzbahnhof und der Grenzstrecke,
b) Störungen mit Beeinträchtigung der Wirksamkeit der eisenbahntechnischen Sicherungs- und Sperreinrichtungen mit gleichzeitiger Information über den Umfang, die Zeit, die Kräfte und Mittel zur Durchführung von Instandhaltungsarbeiten.

Der Kommandant oder der Diensthabende Offizier hat vom Leiter des Grenzbahnhofes folgendes zu fordern:

a) die Einhaltung der festgelegten Mindestgeschwindigkeiten von Reise- und Güterzügen im Grenzstreckenabschnitt,
b) eine Information, wenn die Mindestgeschwindigkeit aus technischen oder anderen Gründen unterschritten werden muß,
c) die Einhaltung des Verbotes zur Durchführung von Rangierfahrten über die Schutzweichen in Richtung BRD oder Westberlin.

Langsamfahrstellen und im Grenzstreckenabschnitt haltende Reise- und Güterzüge sind von Kräften der Sicherungseinheit oder vom Nachbarn im Zusammenwirken mit Kräften der Transportpolizei zu sichern. Das Überschreiten der Staatsgrenze der DDR zur BRD oder zu Westberlin durch Angehörige der DR oder der Deutschen Bundesbahn ist nur auf der Grundlage der dafür geltenden Bestimmungen zuzulassen. Die Kontrolle des Überschreitens der Staatsgrenze obliegt den Kräften der Sicherungseinheit der sichernden Grenzkompanie.

Halten Reise- und Güterzüge im Grenzstreckenabschnitt, ist

a) die sofortige Sicherung des haltenden Zuges zu organisieren,
b) dem Zugführer oder einem anderen Angehörigen des Zugpersonals der Zutritt zur nächstliegenden Fernsprechstelle und, wenn notwendig, das Überschreiten der Staatsgrenze auf der Streckenführung zu gestatten,
c) das Besteigen oder Verlassen des Zuges durch andere Personen nicht zuzulas sen,
d) über das Vorkommnis Meldung zu erstatten ..." (Quelle: Bundesarchiv)

An Straßenübergangsstellen existierten u. a. die Autobahn Hof–Plauen (A 72) bei Heinersgrün. Sie wurde ebenfalls geschlossen.

Die Entwicklung der Straßenverbindungen Ost–West läßt sich an der Autobahn Hof–Plauen recht gut nachvollziehen. Bereits in den dreißiger Jahren begann der

Bau einer Autobahn, die Naila mit Dresden verbinden sollte. Durch den Krieg wurden die Bauarbeiten unterbrochen.

Ein Gebietsaustausch am Butterhübel nordwestlich von Heinersgrün ließ noch die Vermutung aufkommen, daß dauerhaft eine Grenzübergangstelle errichtet werden sollte. Ursprünglich hatte hier die Grenzlinie zwischen Bayern und Sachsen zweimal die Fahrbahn geschnitten.

Das Teilstück der Autobahn, das sich von der Ortsverbindungsstraße Heinersgrün–Gutenfürst bis zum Verbindungsweg Heinersgrün–Markusgrün erstreckte, wurde in den sechziger und siebziger Jahren als Zwischenlager für Getreide und Kartoffeln durch die LPG „Goldene Ähre“ Heinersgrün und später durch die KAP Kemnitz genutzt. Nach Errichtung des Grenzsignalzauns, etwa ab 1975, war dies nicht mehr möglich.

38 Jahre vergingen, ehe man dann wieder von Hof nach Plauen über die Autobahn fahren konnte. Am 2. Oktober 1992 wurde die Autobahnbrücke bei Pirk eingeweiht. Seit dem 5. August 1993 ist das Teilstück Vogtlanddreieck-Plauen Ost vierspurig befahrbar.

Auch der Straßenübergang Falkenstein–Probstzella (B 85) erlitt zunächst wie die Autobahn Hof - Plauen das gleiche Schicksal.

Ab dem 12. 11. 1989 konnte man mit dem Auto wieder die Straße von Falkenstein nach Probstzella passieren.

Bis zum 19. Dezember 1966 war der Straßenübergang Töpen–Juchhöh (B 2) geöffnet.

In der Zeitschrift „Der Grenzjäger“ vom April 1964 wird der östliche Teil wie folgt beschrieben:

Nördlich von Hof an der Saale ist ein „Loch im Eisernen Vorhang“, nämlich: der Straßenübergang Töpen–Juchhöh. Hier führt eine der wenigen Interzonenstraßen von der Bundesrepublik in die Sowjetzone, auf der sich ein starker Verkehr besonders nach Westberlin abwickelt.

Die Brücke über den Tannenbach ist die Grenzbrücke. Von der Brücke bis zum sowjetzonalen Grenzzollamt Juchhöh bietet sich dem Beschauer ein Gewirr von Stacheldrahtzäunen, Bunkern und Beobachtungstürmen. Scheinwerfer strahlen zur Nachtzeit das Gelände um die Tannenbachbrücke an, und man sieht mehrere Schlagbäume und Posten der Grenztruppe mit schußbereiten Maschinenkarabinern. Zwischendurch schlängelt sich die Interzonenstraße. Damit der Reisende nicht zu stark von den zahlreichen sowjetzonalen Grenzsicherungsanlagen erschreckt wird, flattert rechts und links der Straße je eine Spalterflagge. Doch wird jeder Reisende nach drüben sicherlich beim Passieren nicht das Gefühl los, daß er sich in einen stark gesicherten Käfig begibt.

Mit der Fertigstellung der Autobahnbrücke über die Saale bei Rudolphstein stellte der Straßenübergang Töpen–Juchhöh die Abfertigung ein.

Der Autobahnübergang Rudolphstein–Hirschberg (A 9) war bis zum November 1989 die einzige Möglichkeit in dieser Region, um mit dem Auto die Grenze zu passieren. Als nächster Straßenübergang war der Übergang Rottenbach–Eisfeld (B 4) vorhanden.

Eine interessante Ausnahmeregelung gab es. Dies betraf den Übergang Ziegelhütte–Lehesten im Rahmen des kleinen Grenzverkehrs. Hier konnten die Bewohner des Kreises Kronach, die in den Schieferbrüchen arbeiteten, die Grenze passieren. Dies war bis zum Beginn der sechziger Jahre möglich.

Im Paragraph 3 und 4 der Verordnung aus dem Jahr 1952 war festgelegt:

„... Für Personen, die im Sperrgebiet wohnen, werden ab sofort keine Interzonenpässe mehr ausgegeben. Für Personen, die in Westdeutschland wohnen, werden für das Sperrgebiet keine Aufenthaltsgenehmigungen mehr erteilt. Die Einreise in das Sperrgebiet mit Interzonenpaß oder Visum ist mit sofortiger Wirkung verboten. Das Überschreiten des 10 m-Kontrollstreifens ist für alle Personen verboten. Personen, die versuchen, den Kontrollstreifen in Richtung der Deutschen Demokratischen Republik oder Westdeutschland zu überschreiten, werden von den Grenzstreifen festgenommen. Bei Nichtbefolgung der Anordnung der Grenzstreifen wird von der Waffe Gebrauch gemacht..."

Der Paragraph 5 lautete:
„... Die Bewohner der 5 km-Sperrzone sind verpflichtet, sich innerhalb von 48 Stunden nach Inkrafttreten dieser Verordnung bei den für sie zuständigen Meldestellen der Deutschen Volkspolizei zu melden. Die Personalausweise dieser Ortsansässigen erhalten einen Stempel, der dem Ausweisinhaber die Wohnberechtigung in der 5 km-Sperrzone gibt. Kinder unter 15 Jahren müssen in dem Deutschen Personalausweis des Vaters oder der Mutter bzw. des Pflegeberechtigten eingetragen sein..."

Für die Bewohner des sogannten Schutzstreifens legte der Paragraph 9 der Verordnung aus dem Jahr 1952 fest:
„... Die in dem 500 m-Schutzstreifen ortsansässigen Bewohner sind verpflichtet, sich innerhalb von 48 Stunden nach Inkrafttreten dieser Polizeiverordnung in den örtlichen Polizeirevieren zu melden. Dort erhalten sie in ihrem Deutschen Personalausweis einen Stempel, der zum Aufenthalt in der 5 km-Sperrzone berechtigt. Nachdem die örtlichen Polizeireviere die Personalausweise dieser Personen mit dem Berechtigungsstempel versehen haben, haben sich die vorgenannten Personen in den zuständigen Kommandos der Grenzpolizei zu melden. Dort erhalten die Personalausweise dieser Personen einen besonderen Stempel, der ihnen das Wohnrecht in dem 500 m-Schutzstreifen gibt. Kinder unter 15 Jahren, die in diesem Gebiet wohnen, müssen in dem Deutschen Personalausweis des Vaters oder der Mutter bzw. des Pflegeberechtigten eingetragen sein..."

Der Inhalt beider Paragraphen galt bis zur Wende. Geringfügige Änderungen formulierte man in der jeweils gültigen Grenzordnung. Man befristete die Genehmigungen zeitlich und örtlich. Dies wurde durch das Paß- und Meldewesen der Volkspolizei wahrgenommen (siehe auch Abschnitt Deutsche Volkspolizei). Es wurde vom Registriervermerk bzw. Wohnstempel gesprochen. Nach einem Wohnungswechsel von einem Ort innerhalb der Sperrzone zu einem Ort außerhalb der Sperrzone entfiel der Registriervermerk.

Für Bürger der DDR, die in der Sperrzone bzw. dem Schutzstreifen arbeiteten, aber außerhalb wohnten, existierte ein Genehmigungsvermerk bzw. der sogenannte Arbeitsstempel im Personalausweis. Auch er war zeitlich und örtlich befristet.

Beispiel: Ein Bürger wohnte in Schleiz. Sein ständiger Arbeitsplatz war die Lederfabrik in Hirschberg. Ihm wurde ein Genehmigungsvermerk erteilt. Nach einer erfolgten Kündigung beispielsweise hob man den Genehmigungsvermerk auf.

Wenn man in der Sperrzone bzw. im Schutzstreifen selbst wohnte und Besuch empfangen wollte, mußte ein Passierschein bei der zuständigen Dienststelle der Volkspolizei beantragt werden.

Beispiel: Bürger Anton wohnte in Krebes im Landkreis Plauen. Sein Bruder Gustav, wohnhaft in Cottbus, wollte ihn anläßlich der Silberhochzeit besuchen. Daraufhin beantragte Bürger Anton einen Passierschein über den Abschnittsbevollmächtigten des Ortes. Nach entsprechender Prüfung genehmigte man den Passierschein. Bürger Anton schickte seinem Bruder Gustav den Passierschein. Dieser konnte dann mit dem Passierschein in das Grenzgebiet einreisen. Es gab auch zahlreiche Fälle, in denen Anträge abgelehnt worden sind, oft auch bei engen Verwandschaftsverhältnissen.

Auch aus betrieblichen Gründen konnten Passierscheine beantragt und ausgestellt werden. Dazu mußte durch den jeweiligen Leiter ein Passierschein für seinen Mitarbeiter beantragt werden.

Beispiel: Die Konsumgenossenschaft Oelsnitz beschäftigte den Bürger Lehmann als Kraftfahrer. Lehmann belieferte täglich die Verkaufsstellen der Genossenschaft mit Brot- und Backwaren. Hierzu zählten auch die Verkaufstellen in den Ortschaften der Sperrzone wie Posseck, Sachsgrün, Ottengrün, Bobeneukirchen, Wiedersberg und Heinersgrün. Damit Lehmann seine Aufgabe erfüllen konnte, benötigte er einen Passierschein.

Gesellschaftliche Gründe konnten ebenfalls zur Ausstellung eines Passierscheines führen.

Beispiel: Eine Kulturgruppe der Konzert- und Gastspieldirektion Gera trat anläßlich des 1. Mai in Kemnitz auf.

Auch Passierscheine waren zeitlich und örtlich befristet. Wenn der Aufenthalt in der Sperrzone 12 Stunden überstieg, mußte der Passierscheininhaber sich innerhalb von 12 Stunden bei der zuständigen Meldestelle der Deutschen Volkspolizei melden. Im Schutzstreifen war eine sofortige Meldung angeordnet. Der Paragraph 10 der Verordnung über Maßnahmen an der Demarkationslinie zwischen der Deutschen Demokratischen Republik und den westlichen Besatzungszonen Deutschlands lautete:

„...Innerhalb des 500 m-Schutzstreifens ist der Aufenthalt auf Straßen und Feldern, der Verkehr aller Art von Transportmitteln und die Ausführung von Arbeiten aller Art außerhalb der Wohnungen nur von Sonnenaufgang bis Sonnenuntergang gestattet. Die Ausführung von Arbeiten in unmittelbarer Nähe des 10 m-Kontrollstreifens ist nur unter Aufsicht der Grenzpolizei gestattet.

Zum Aufsuchen der Arbeitsplätze außerhalb der Ortschaften dürfen nur die von der Grenzpolizei vorgeschriebenen Wege benutzt werden..."

In den nachfolgenden Grenzordnungen teilte man die Festlegungen hierzu auf. Eine Rubrik beschäftigte sich mit dem Aufenthalt im Schutzstreifen und eine weitere mit den Arbeiten im Schutzstreifen. Eine wesentliche Veränderung im Gesetzestext erlaubte den Bewohnern des Schutzstreifens auch zur Nachtzeit, sich auf den für den Verkehr freigegebenen Wegen und Straßen aufzuhalten. Ausnahmeregelungen gestatteten das Arbeiten im Schutzstreifen auch vor Sonnenaufgang bzw. nach Sonnenuntergang. Für den Weideauftrieb von Tieren im Schutzstreifen waren ausbruchssichere Koppeln zu errichten. Alle Aktivitäten bedurften der Zustimmung durch die Grenzpolizei bzw. später der Grenztruppen.

Der östliche Teil von Modlareuth und die Ortschaft Sparnberg in der hiesigen Region mußten bis zur Wende die Festlegungen bezüglich des Aufenthalts im Schutzstreifen befolgen.

Spezifische Festlegungen zu Arbeiten im Schutzstreifen gab es in den existierenden Betrieben wie Lederfabrik Hirschberg und der Zellstoff- und Papierfabrik Blankenstein. Dies betraf in der Lederfabrik Hirschberg insbesondere die Kläranlage. In der ZPR war es die Kleinbahnverbindung zwischen dem Hauptwerk und dem Werk II in Blankenberg.

Die existierenden landwirtschaftlichen Produktionsgenossenschaften meldeten ihre Arbeiten im Schutzstreifen an. So mußte angegeben werden, wann die Arbeit begann und endete, welche Technik verwendet wurde, wo die Arbeiten stattfanden, welches Tor im Signalzaun zu passieren war, und es mußte noch eine Liste mit der namentlichen Übersicht der Arbeitskräfte beigefügt werden.

Weitere Bestimmungen der Grenzordnung sahen vor, daß das Tauchen mit Tauchgeräten aller Art und das Fotografieren und Filmen unter Wasser grundsätzlich verboten waren.

Foto-, Film- und Fernsehaufnahmen für gewerbliche Zwecke im Schutzstreifen waren erlaubnispflichtig.

Private Foto- und Filmaufnahmen waren im Schutzstreifen innerhalb von Ortschaften gestattet. Militärische Objekte, Grenzübergangsstellen und Grenzsicherungsanlagen durften dabei nicht aufgenommen werden.

Zelten, Camping bzw. das Übernachten in Kraftfahrzeugen waren in der Sperrzone und im Schutzstreifen grundsätzlich nicht zulässig.

Auch für Jagden und Sportschießen galten gesonderte Regelungen, welche in der Grenzordnung konkret festgeschrieben waren.

In der Fassung der Grenzordnung vom 25. März 1982 war vorgesehen, Verstöße, die vorsätzlich oder fahrlässig begangen wurden, mit einem Verweis oder einer Ordnungsstrafe von 10 bis 500 Mark zu belegen. Im Fall der Wiederholung konnte auch eine Ordnungsstrafe bis zu 1000 Mark ausgesprochen werden. Es bestand die Möglichkeit, eine erteilte Erlaubnis einzuziehen.

Fahrbahn A 72 bei Unterhartmannsreuth vor der Grenzöffnung

Foto: Schaffner

Ausbau A 72 Hof–Plauen im Frühjahr 1992 an der Landesgrenze bei Heinersgrün.
Foto: Hermann

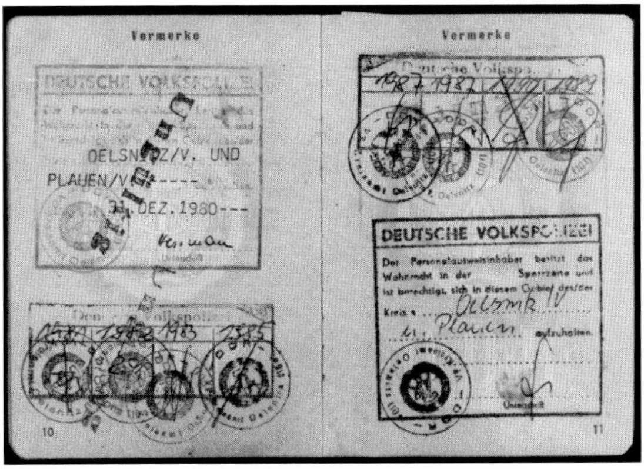

Vermerke

DEUTSCHE VOLKSPOLIZEI

OELSNITZ/V. UND
PLAUEN/V------
31. DEZ.1980---

Vermerke

DEUTSCHE VOLKSPOLIZEI

Der Personalausweisinhaber besitzt das Wohnrecht in der Sperrzone und ist berechtigt, sich in diesem Gebiet des/der

Kreis Oelsnitz/V u. Plauen aufzuhalten.

Unterschrift

10

11

Registriervermerk mit Verlängerung für die Sperrzone
Fotoreproduktion: Schaffner

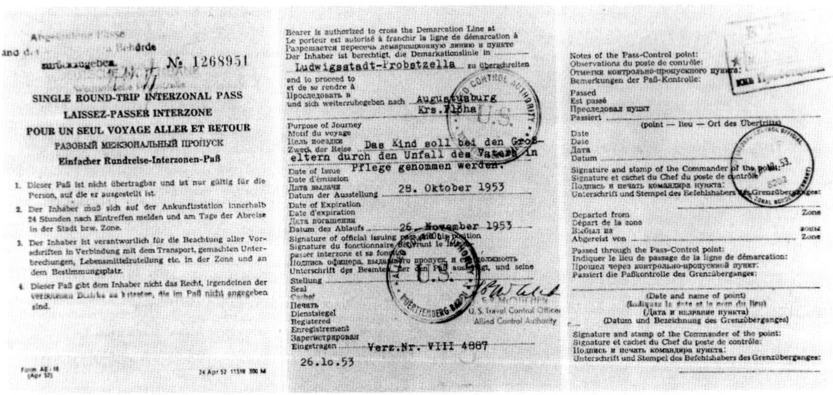

№ 1268951

SINGLE ROUND-TRIP INTERZONAL PASS
LAISSEZ-PASSER INTERZONE
POUR UN SEUL VOYAGE ALLER ET RETOUR
РАЗОВЫЙ МЕЖЗОНАЛЬНЫЙ ПРОПУСК
Einfacher Rundreise-Interzonen-Paß

1. Dieser Paß ist nicht übertragbar und ist nur gültig für die Person, auf die er ausgestellt ist.
2. Der Inhaber muß sich auf der Ankunftsstation innerhalb 24 Stunden nach Eintreffen melden und am Tage der Abreise in der Stadt bzw. Zone.
3. Der Inhaber ist verantwortlich für die Beachtung aller Vorschriften in Verbindung mit dem Transport, gemachten Unterbrechungen, Lebensmittelzuteilung etc. in der Zone und an dem Bestimmungsplatz.
4. Dieser Paß gibt dem Inhaber nicht das Recht, irgendeinen der verbotenen Bezirke zu betreten, die im Paß nicht angegeben sind.

Form AE-18 (Apr 52) 24 Apr 52 11310 300 M

Bearer is authorized to cross the Demarcation Line at
Le porteur est autorisé à franchir la ligne de démarcation à
Разрешается пересечь демаркационную линию в пункте
Der Inhaber ist berechtigt, die Demarkationslinie in Ludwigsstadt-Probstzella zu überschreiten

and to proceed to
et de se rendre à
Проследовать в
und sich weiterzubegeben nach Augustusburg Krs. Flöha

Purpose of Journey
Motif du voyage
Цель поездки
Zweck der Reise Das Kind soll bei den Großeltern durch den Unfall des Vaters in Pflege genommen werden.

Date of Issue
Date d'émission
Дата выдачи
Datum der Ausstellung 28. Oktober 1953

Date of Expiration
Date d'expiration
Дата погашения
Datum des Ablaufs 26. November 1953

Signature of official issuing pass and his position
Signature du fonctionnaire délivrant le laissez-passer interzone et sa fonction
Подпись офицера, выдавшего пропуск, и его должность
Unterschrift des Beamten, der den Paß ausfertigt, und seine Stellung

Seal
Cachet
Печать
Dienstsiegel

U.S. Travel Control Officer
Allied Control Authority

Registered
Enregistrement
Зарегистрирован
Eingetragen Verz.Nr. VIII 4887

26.10.53

Notes of the Pass-Control point:
Observations du poste de contrôle:
Отметки контрольно-пропускного пункта:
Bemerkungen der Paß-Kontrolle:

Passed
Est passé
Преследовал пункт
Passiert
(point — lieu — Ort des Übertritts)

Date
Date
Дата
Datum

Signature and stamp of the Commander of the point:
Signature et cachet du Chef du poste de contrôle:
Подпись и печать командира пункта:
Unterschrift und Stempel des Befehlshabers des Grenzüberganges:

Departed from Zone
Départ de la zone
Выбыл из зоны
Abgereist von Zone

Passed through the Pass-Control point:
Indiquer le lieu de passage de la ligne de démarcation:
Прошел через контрольно-пропускной пункт:
Passiert die Paßkontrolle des Grenzüberganges:

(Date and name of point)
(Indiquer la date et le nom du lieu)
(Дата и название пункта)
(Datum und Bezeichnung des Grenzüberganges)

Signature and stamp of the Commander of the point:
Signature et cachet du Chef du poste de contrôle:
Подпись и печать командира пункта:
Unterschrift und Stempel des Befehlshabers des Grenzüberganges:

Interzonenpaß auf Seite 34 in Polizeijournal November 1982
Fotoreproduktion: Schaffner

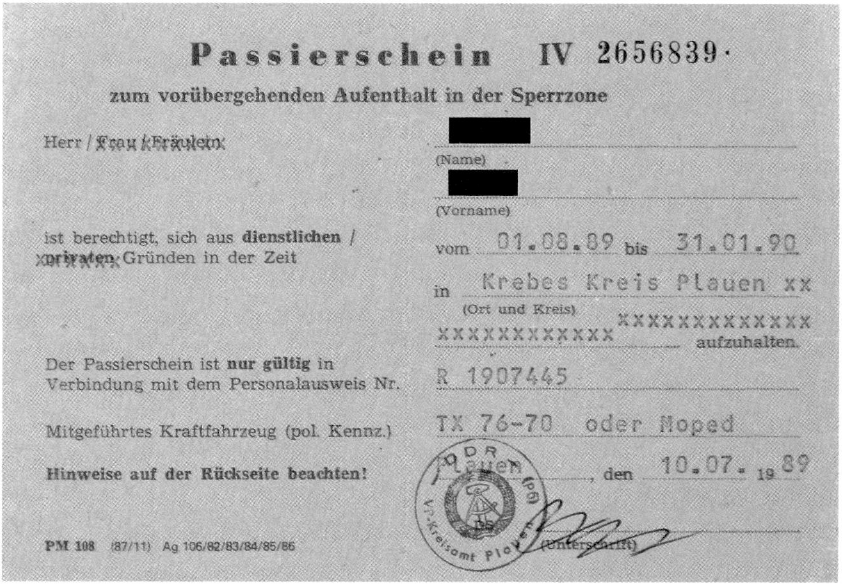

Passierschein IV 2656839·

zum vorübergehenden Aufenthalt in der Sperrzone

Herr / ~~Frau / Fräulein~~ [redacted]
(Name)

[redacted]
(Vorname)

ist berechtigt, sich aus **dienstlichen** / ~~privaten~~ Gründen in der Zeit vom 01.08.89 bis 31.01.90

in Krebes Kreis Plauen xx
(Ort und Kreis)
xxxxxxxxxxxxx xxxxxxxxxxxx aufzuhalten.

Der Passierschein ist **nur gültig** in Verbindung mit dem Personalausweis Nr. R 1907445

Mitgeführtes Kraftfahrzeug (pol. Kennz.) TX 76-70 oder Moped

Hinweise auf der Rückseite beachten!

Plauen, den 10.07.1989

(Unterschrift)

PM 108 (87/11) Ag 106/82/83/84/85/86

Passierschein Sperrzone Vorderseite

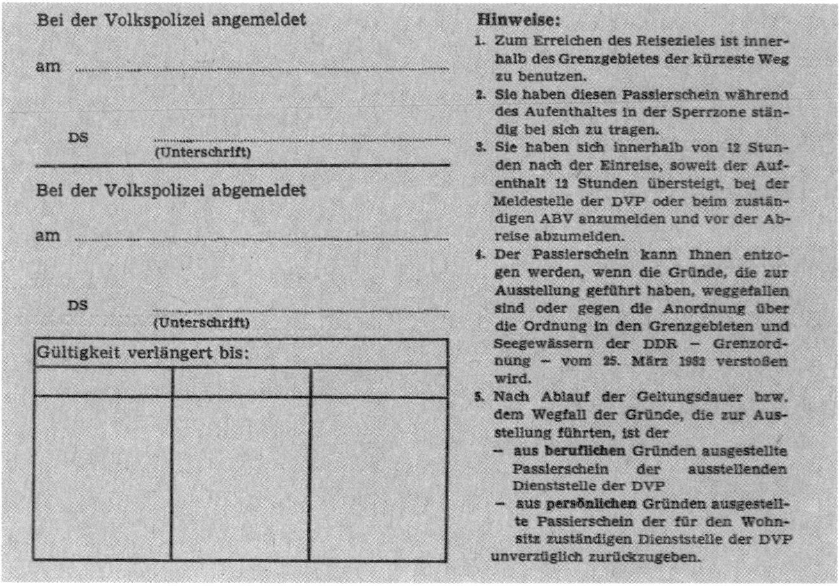

Bei der Volkspolizei angemeldet

am ....

DS ....
(Unterschrift)

Bei der Volkspolizei abgemeldet

am ....

DS ....
(Unterschrift)

Gültigkeit verlängert bis:		

Hinweise:

1. Zum Erreichen des Reisezieles ist innerhalb des Grenzgebietes der kürzeste Weg zu benutzen.
2. Sie haben diesen Passierschein während des Aufenthaltes in der Sperrzone ständig bei sich zu tragen.
3. Sie haben sich innerhalb von 12 Stunden nach der Einreise, soweit der Aufenthalt 12 Stunden übersteigt, bei der Meldestelle der DVP oder beim zuständigen ABV anzumelden und vor der Abreise abzumelden.
4. Der Passierschein kann Ihnen entzogen werden, wenn die Gründe, die zur Ausstellung geführt haben, weggefallen sind oder gegen die Anordnung über die Ordnung in den Grenzgebieten und Seegewässern der DDR – Grenzordnung – vom 25. März 1982 verstoßen wird.
5. Nach Ablauf der Geltungsdauer bzw. dem Wegfall der Gründe, die zur Ausstellung führten, ist der
   - aus beruflichen Gründen ausgestellte Passierschein der ausstellenden Dienststelle der DVP
   - aus persönlichen Gründen ausgestellte Passierschein der für den Wohnsitz zuständigen Dienststelle der DVP

   unverzüglich zurückzugeben.

Passierschein Sperrzone Rückseite

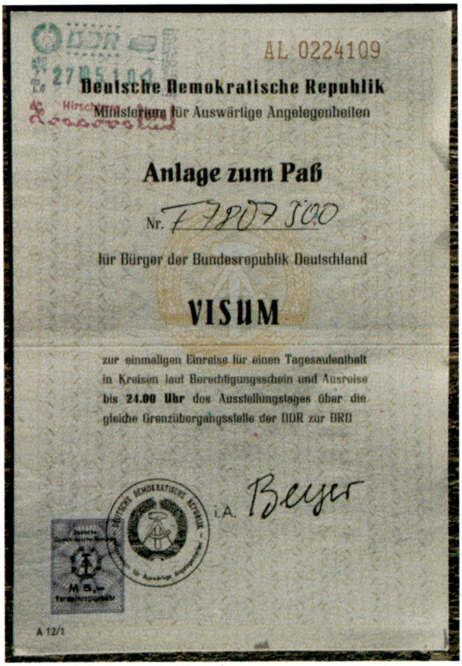

AL 0224109

Deutsche Demokratische Republik

Ministerium für Auswärtige Angelegenheiten

Anlage zum Paß

Nr. F7807300

für Bürger der Bundesrepublik Deutschland

VISUM

zur einmaligen Einreise für einen Tagesaufenthalt in Kreisen laut Berechtigungsschein und Ausreise bis **24.00 Uhr** des Ausstellungstages über die gleiche Grenzübergangsstelle der DDR zur BRD

i.A. Beyer

A 12/1

Visum

Fotoreproduktion: Schaffner

Zug passiert die Grenze bei Gutenfürst

Foto: Schaffner

Zellstoff- und Papierfabrik Blankenstein

Foto: Schaffner

Lederfabrik Hirschberg

Foto: Schaffner

Bestellarbeiten zwischen Grenze und vorderem Zaun unweit vom heutigen Dreiländereck Sachsen-Thüringen-Bayern; im Vordergrund ist ein Angehöriger der Bayerischen Grenzpolizei mit Pkw Audi 80 zu sehen. Im Hintergrund ein Postenpaar der Grenztruppen der DDR vor dem Traktor.

Foto: Schaffner

Grenzmarkierungen – Grenzpfähle – Grenzsteine – Grenzsäulen

Die Demarkationslinie zwischen den westlichen und der sowjetischen Besatzungszone verlief im wesentlichen entlang den Landes- und Provinzialgrenzen des ehemaligen Deutschen Reiches. Die Initialen in den vorhandenen alten Grenzsteinen belegen diese Feststellung. So existierten früher die Königreiche Bayern und Sachsen. Durch sie wurden die Buchstaben KB bzw. KS verwendet. Auch Fürsten- und Herzogtümer bestanden in der hiesigen Region. Das Fürstentum Reuß verwendete die Initialen FR und das Herzogtum Sachsen-Meiningen HSM. An ausgewählten Stellen wurden auch sogenannte Wappensteine gesetzt.

Ab 1967 wurde durch die DDR die Markierung ergänzt durch das Setzen von zusätzlichen Grenzsteinen. Eine gemeinsame Grenzkommission, bestehend aus Beauftragten der Regierung der BRD und der DDR, überprüfte und erneuerte die Grenzmarkierung vom Juli 1973 bis zum November 1978. Die zusätzlich eingebrachten Grenzsteine waren mit der Buchstabengruppe DDR versehen.

Durch den Freistaat Bayern wurde als Grenzzeichen ein weißer Kunststoffpfahl verwendet. Im oberen Teil war dieser mit einem blauen Streifen versehen. Er wurde meistens auf Höhe des jeweiligen Grenzsteins eingebracht. Aus früherer Zeit sind auch Pfähle mit einem gelben Ring bekannt. Weiterhin existierten Hinweisschilder, die der Bundesgrenzschutz bzw. die Bayerische Grenzpolizei aufstellte.

Etwa 1955:

Achtung
Zonengrenze

Etwa 1965:

Halt!
Zonengrenze
Bundesgrenzschutz

Zusätzliche Warntafel:

Achtung
Lebensgefahr
Wirkungsbereich
sowjetzonaler Minen
Bundesgrenzschutz

Etwa 1980:

Halt!
Hier
Grenze
Bundesgrenzschutz

Weiterer Wortlaut:

LANDES-
GRENZE

Neben den Hinweisschildern mit den aufgezeigten Wortlauten existierten auch Schilder mit Skizzen. Auf diesen Skizzen war der Aufbau der Sperranlagen dargestellt. Meist enthielten diese Schilder auch den Hinweis, daß nicht der Grenzzaun den Grenzverlauf darstellt, sondern die vorhandenen Grenzsteine bzw. Grenzpfähle. Diese Information war besonders für Grenzbesucher von außerhalb sehr wichtig.

Von der Grenzlinie ca. 5 Meter entfernt standen auf DDR-Gebiet Grenzsäulen. Das Grenzregiment-Plauen stellte 1967 im Rahmen einer Testmarkierung die ersten Säulen auf. Diese wurden mit Betonplatten im Erdboden eingefaßt. Eine solche Grenzsäule hatte ein Gewicht von ca. 400 kg. Der Anstrich erfolgte in den Farben schwarz, rot und gelb in schrägen Streifen. Die Höhe vom Erdboden aus gemessen betrug ca. 2,10 Meter. Der Abstand von Grenzsäule zu Grenzsäule betrug etwa 500 Meter.

Ab 1969 wurden Staatswappenschildern aus Alu-Spritzguß angebracht. Sie hatten die Maße 27,0 cm x 21,5 cm. Oberhalb des Schriftzuges Deutsche Demokratische Republik war das Staatswappen bestehend aus Hammer, Zirkel und Ährenkranz angebracht. Das Staatswappenschild zeigte in Richtung Bayern. Mancher Besucher an der Grenze betrachtete es als besonderes Abenteuer, wenn es ihm gelang, ein solches Emblem zu entfernen und als Souvenir mit nach Hause zu nehmen. Welchen. Stellenwert diese Staatswappenschilder einnahmen, zeigt ein Brief von Armeegeneral Hoffmann, dem ehemaligen Verteidigungsminister der DDR, vom 03. 02. 1968 an Honecker in seiner Eigenschaft als Sekretär des Nationalen Verteidigungsrates. Hoffmann schlug in diesem Brief vor, die bisherigen Staatswappenschilder, welche aus Sprelacart bestanden, durch wesentlich repräsentativer wirkende Schilder zu ersetzen. Dies geschah dann auch.

Weiterer Bestandteil der Arbeiten im Jahr 1969 war das Anbringen von Numerierungsschildern an der Rückseite der Grenzsäulen. Eine vierstellige Zahl kennzeichnete jede Grenzsäule. Diese Numerierung war auch auf den topographischen Karten vorhanden, welche die Grenzsicherungskräfte der DDR nutzten. Am Dreiländereck Bayern, Böhmen und Sachsen stand die Säule mit der Nummer 2735. Die noch heute im Freigelände des DEUTSCH-DEUTSCHEN MUSEUMS MÖDLAREUTH aufgestellte Säule hatte die Nummer 2646.

Mit dem Abbau der Sperranlagen wurden auch die Grenzsäulen entfernt. Manche wurden auf privaten Grundstücken wieder aufgebaut. An der Straße von Posseck nach Nentschau wurde ebenfalls eine Grenzsäule in Erinnerung an die Grenzöffnung 1989 aufgestellt.

Propagandaschilder

Besonders aus den fünfziger und den sechziger Jahren ist die Existenz von Propagandaschildern bekannt. Sie wurden durch die DDR an ausgewählten Stellen aufgestellt. Eine überdimensionale Größe sollte die Lesbarkeit auch auf große Entfernungen sichern. Die Inhalte waren darauf ausgerichtet, das gesellschaftspolitische System der DDR über ihre Grenze hinaus in den anderen Teil Deutschlands zu propagieren. Es gab auch die Variante der Kritik an den Verhältnissen in der Bundesrepublik. Die der Bundesrepublik zugewandte Seite der Lederfabrik Hirschberg und der Zellstoff- und Papierfabrik Rosenthal diente u. a. zum Anbringen von Propagandaschildern.

Informationstafeln

Durch die Bundesrepublik wurden Informationstafeln für die Grenzbesucher aufgestellt. Auf ihnen war u. a. der Grenzverlauf zu sehen. Der dazugehörige Text informierte über historische Gegebenheiten oder beschrieb Landschaften auf dem Gebiet der DDR, die seit der Grenzziehung nicht mehr zugänglich waren. Gleichzeitig enthielten diese Tafeln Informationen zu den Sperranlagen auf DDR-Gebiet bzw. zum Grenzregime.

Die Sperranlagen der DDR

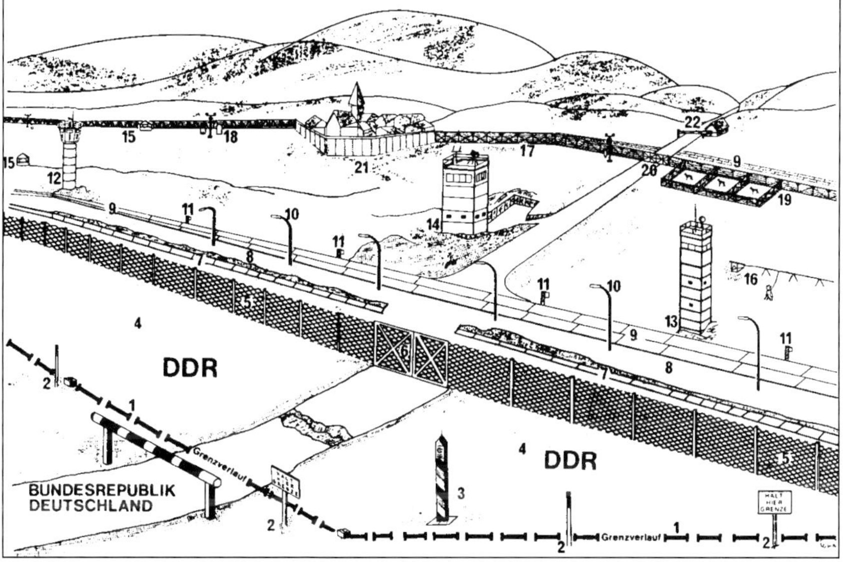

Bereich zwischen Grenzverlauf (1) und Kontrollpassierpunkt (22) = Sperrzone (ø ca. 5km)
Bereich zwischen Grenzverlauf und Schutzstreifenzaun / Betonsperrmauer (17 / 21) = Schutzstreifen (ø ca. 100–200 m)

1 Grenzverlauf mit Grenzsteinen
2 Grenzhinweisschild bzw. -pfahl unmittelbar vor dem Grenzverlauf
3 DDR-Grenzsäule (ca. 1,8 m hoch, schwarz-rot-gold mit DDR-Emblem)
4 Abgeholzter und geräumter Geländestreifen
5 Einreihiger Metallgitterzaun (ca. 3,2 m hoch)
6 Durchlaß im Metallgitterzaun
7 Kfz.-Sperrgraben (mit Betonplatten befestigt)
8 ca. 6 m bzw. 2 m breiter Kontrollstreifen (Spurensicherungsstreifen
9 Kolonnenweg mit Fahrspurplatten (Lochbeton)
10 Lichtsperre
11 Anschlußsäule für das erdverkabelte Grenzmeldenetz
12 Beton-Beobachtungsturm (BT 11)
13 Beton-Beobachtungsturm (2 x 2 m)
14 Beton-Beobachtungsturm (4 x 4 m zum Teil mit Führungsstelle)
15 Beobachtungsbunker
16 Hundelaufanlage
17 Modifizierter Schutzstreifenzaun mit elektronischen Signalanlagen
18 Stromverteilungs- und Schalteinrichtungen am modifizierten Schutzstreifenzaun
19 Hundefreilaufanlage
20 Durchlaßtor im Schutzstreifenzaun mit Signaldrähten
21 Betonsperrmauer / Sichtblende
22 Kontrollpassierpunkt

Die Sperranlagen der DDR (Schema I)

Fotoreproduktion: Hermann

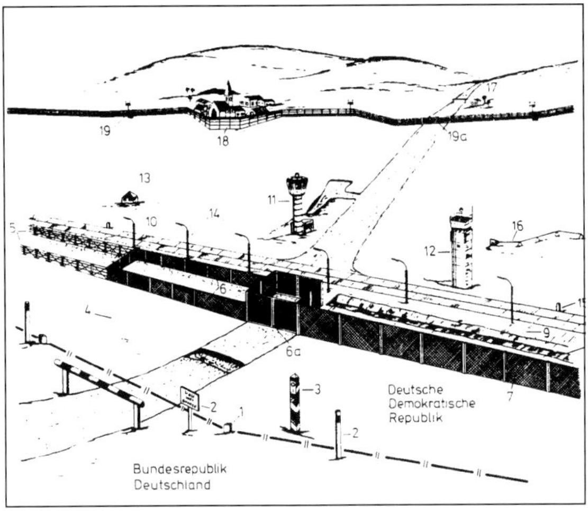

DDR-Grenzsperranlagen

Erläuterung:
1 Grenzverlauf mit Grenzsteinen
2 Grenzhinweisschild bzw. -pfahl unmittelbar vor dem Grenzverlauf
3 DDR-Grenzsäule (ca. 1,8 m hoch, schwarz-rot-gold mit DDR-Emblem)
4 bis zu 100 m breiter Geländestreifen (abgeholzt und geräumt)
5 Zweireihiger Stacheldrahtzaun (Zwischenraum vermint)
6 Zweireihiger Metallgitterzaun (ca. 2,4 m hoch, zwischenraum vermint
6a Durchlaß mit Metallgitterzaun
7 Einreihiger Metallgitterzaun (ca. 3,2 m hoch, mit Selbstschußanlagen
8 Kfz.-Sperrgraben (mit Betonplatten befestigt)
9 6 m breiter Spuren-Sicherungsstreifen
10 Kolonnenweg
11 Beton-Beobachtungsturm mit Führungspunkt
12 Beton-Beobachtungsturm (viereckig)
13 Beton-Beobachtungsbunker
14 Lichtsperre
15 Anschlußsäule für unterirdisches Grenzmeldenetz
16 Hundelaufanlage
17 Kontrollpassierpunkt
18 Betonsperrmauer / Sichtblende (ca. 3,3 m hoch)
19 Schutzstreifenzaun mit elektrischen und akustischen Signalanlagen
19a Durchlaß mit Schutzstreifenzaun

Die Sperranlagen der DDR (Schema II)

Grenzsäule mit Staatswappenschild
Foto: Schaffner

Grenzstein Bayern–Sachsen an der A 72 Hof–Plauen bei Heinersgrün
Foto: Hermann

Grenzstein DDR an der Bundesstraße 173 bei Ullitz
Foto: Hermann

oben:
Informationstafel an der Selbitz bei Blankenstein
Foto: Hermann

links:
Grenzsäule Freigelände Deutsch-Deutsches Museum Mödlareuth
Foto: Hermann

oben:
Grenzsteine, Grenzhinweisschild am Dreiländereck bei Prex
Foto: Schaffner

links:
Grenzhinweisschild Freigelände Deutsch-Deutsches Museum Mödlareuth
Foto: Hermann

Kontrollstreifen – Stacheldraht – Minen

Standen in den vierziger Jahren nur Hinweisschilder an der Demarkationslinie, die auf das Ende und den Beginn der anderen Zone verwiesen, war das nach dem 26. Mai 1952 schon anders. Entsprechend der Ministerratsverordnung der DDR war ein Kontrollstreifen angelegt worden. Dieser durfte nicht überschritten werden. Konsequenzen wurden im Paragraphen vier festgelegt (vgl. Kapitel Grenzverkehr).

Weiterhin sperrte man systematisch Straßen, Wege und Eisenbahnlinien, die man nicht mehr grenzüberschreitend nutzte. Als nächstes erfolgte das Anlegen großer Waldschneisen. Wie dies ablief und welchem Zweck das Abholzen diente, zeigt folgender Auszug aus der Mai-Ausgabe der Zeitschrift „Der Grenzjäger" aus dem Jahr 1963 unter der Überschrift:

„... Noch immer fallen Wälder an der Zonengrenze
Auch an der Autobahn Hof–Chemnitz wird der letzte noch an die Zonengrenze heranreichende Wald gefällt. In diesem Grenzabschnitt herrscht seit den letzten Tagen ein reges Treiben. Motorsägen knattern, Axthiebe erschallen, beißender Qualm erfüllt den Grenzraum. Ein starkes Kommando sowjetzonaler Arbeitsbrigaden ist hier damit beschäftigt, den von der Autobahn in südlicher Richtung noch an die Zonengrenze heranreichenden Wald zu fällen. Bei dem Waldbestand handelt es sich durchweg um Jungwald, der einen wirtschaftlichen Nutzen erst in den nächsten Jahrzehnten erreicht hätte, was die Planungen der Machthaber in Pankow aber nicht stört. Sie brauchen ein freies Schußfeld gegen Flüchtlinge und einen breiten Grenzstreifen ohne Baum- und Buschwerk zur Anlage von Stacheldrahtzäunen und Minenfeldern ..."

In der Septemberausgabe des Jahres 1963 war zu lesen:
„... Nun auch Minengürtel von Ullitz bis Autobahn
Die Zonengrenze zwischen der Straße Hof–Plauen bei Ullitz und der Autobahn Hof–Chemnitz ist nun mit vier Stacheldrahtzäunen abgeriegelt. Die erste doppelte Zaunanlage wurde bereits im Jahre 1960 gebaut. Sie hat einen Abstand zur Zonengrenze zwischen 200 und 300 Metern. Die zweite doppelte Zaunanlage wurde erst im Juli 1963 gebaut und verläuft zwischen 20 und 40 Metern abgesetzt von der Zonengrenze. Der Zwischenraum des letztgenannten zweireihigen Stacheldrahtzaunes beträgt je nach Gelände zwischen 20 und 40 Metern.

Dieses System von Stacheldrahtzäunen reichte aber den sowjetzonalen Machthabern nicht aus. Erneut rückte kürzlich eine Pionierkompanie der Nationalen Volksarmee heran und verlegte im Zwischenraum der in Zonengrenznähe verlaufenden doppelten Zaunanlage Schützenminen. Die Verlegung erfolgte im Beisein zahlreicher NVA-Offiziere mit besonderer Eile. Vorweg bewegte sich der Vermessungstrupp, der die Örtlichkeit für die zu verlegenden Minen kennzeichnete. Es folgten Pioniere, die die Löcher aushoben und die Minen auslegten. Schließlich kamen zwei Gruppen Pioniere, die mit einem gewissen Abstand die Minen in der ersten und zweiten Reihe scharfmachten. Erst wurden die Zünder eingesetzt, dann die Sicherungsstifte entfernt und schließlich die Minen mit etwas Erdreich bedeckt. Damit aber auch jede Mine scharfgemacht worden ist, mußten die Pioniere jeweils die Minensicherungsstifte bei einem Offizier abgeben. Zwei Reihen Minen, jeweils auf Lücke, wurden verlegt. Stellenweise wurden sie nur mit einem Zwischenabstand von etwa einem Meter eingebuddelt. An mehreren Stellen liegen diese todbringenden Minen nur 20 bis 30 Meter von der Zonengrenze entfernt. Bei einer Detonation reicht die Sprengwirkung bis auf Bundesgebiet herüber. Dadurch sind westdeutsche Bürger – Bauern bei Feldarbeiten in Grenznähe und Zonengrenzbesucher – ständig Gefahren ausgesetzt, besonders dort, wo Straßen unmittelbar entlang der Zonengrenze verlaufen..."

Zusammenfassend kann gesagt werden, daß in den sechziger Jahren ein durchgehendes System von Stacheldrahtzäunen und Erdminensperren angelegt wurde. In dieser Zeit wurden u. a. die sowjetischen Minen POMS-2 und PMD-6M verlegt. Wie verhängnisvoll sich das Anlegen der Erdminensperren auswirkte, zeigen nicht nur die Zahlen der getöteten oder verletzten Personen, sondern auch die Schwierigkeiten beim Räumen der noch vorhandenen Erdminen nach der Wiederherstellung der Deutschen Einheit.

Selbstschußanlagen

Die in den sechziger Jahren errichteten Erdminensperren erfüllten nicht mehr die Anforderungen, die man an sie stellte. Die Sperranlagen sollten noch unüberwindlicher werden. Angestellte Überlegungen endeten im Bau einer Minensperre, bei der die Minen nicht mehr in die Erde eingebracht wurden. Sie befestigte man direkt am mittlerweile errichteten Grenzzaun, welcher aus drei übereinanderangeordneten Streckmetalltafeln bestand. Die vorhandenen Stacheldrahtzäune baute man ab oder beließ sie an ihrem Standort. Es gab auch die Variante der Kombination mit noch vorhandenen Erdminensperren, welche bereits durch zwei Zäune aus zwei übereinanderangeordneten Streckmetalltafeln bestanden. Dabei handelte es sich um die Minensperren Typ MS 62 und MS 66. In diesem Fall waren die Minen am sogenannten freundwärtigen Zaun angebracht.

Ein Befehl des Chefs der Grenztruppen vom 9. Oktober 1970 regelte die Erprobung der Splittermine SM-70 im Grenzeinsatz.

Mit einer Sperranlage 501 konnte ein Geländeabschnitt von 5 Kilometern gesperrt werden. Die Sperranlage 501 war in zwei Zonen zu je 9 Abschnitten untergliedert. Neben Zünder, Schalter und Sprengladung war die Splittermine SM-70 mit Metallwürfeln gefüllt. Bei einer Minendetonation wurden diese Metallwürfel herausgeschleudert. Sie konnten Menschen und Tiere schwer verletzen und auch töten! Die Minen waren versetzt in drei Reihen am Zaun angebracht. Der vorhandene Spanndraht reagierte auf Druck bzw. Zug. Man nutzte Verteilerkästen zur Stromzuführung. Es existierte u. a. eine Zündleitung und eine Signalleitung. Diese waren mit einer sogenannten Prüf - und Schaltanlage verbunden. Stromschreiber, Signallampen, Hauptschalter, Zonenschalter, Transverterteil, Sicherungen und diverse andere Dinge waren Bestandteil der Prüf- und Schaltanlage. Bei einer Minendetonation erfolgte eine optische und akustische Anzeige der jeweiligen Zone und des Abschnittes. Daraufhin überprüfte man den jeweiligen Abschnitt im Gelände.

Im Landkreis Lobenstein waren ca. 15 Kilometer Grenze mit dieser Minensperre abgeriegelt. 10 Kilometer dieses Sperrensystems erstreckten sich vom Hag bei Hirschberg bis zum Mühlberg im Landkreis Schleiz. Lediglich die geteilte Ortschaft Mödlareuth war ausgespart. Hier reichte die Sperranlage 501 mit den Splitterminen SM-70 jeweils links und rechts an die vorhandene Grenzmauer heran. Von der Kreisgrenze Schleiz–Plauen in Richtung der Bahnlinie Hof–Plauen existierte eine Anlage auf etwa 5 Kilometer Länge. Am dichtesten erfolgte die Sperrung im Landkreis Oelsnitz im Vogtland, wo vier dieser Anlagen existierten. Selbst das Dreiländereck war überlappend zur tschechischen Grenze gesperrt.

Ab 1983 erfolgte der Abbau der Sperranlagen auf Druck der internationalen Öffentlichkeit. Wie man auch die Dinge betrachtete, die Sperranlage 501 war unvereinbar mit der offiziellen Regierungspolitik der DDR.

In seinem Buch „Frontdienst im Frieden – Die Grenztruppen der DDR“ (Bernard & Graefe Verlag Koblenz) gibt Peter Joachim Lapp auszugsweise ein Interview Erich Honeckers wieder, welches er österreichischen Journalisten gewährte.

Auf die Frage, ob sich eine Eiszeit im Ost-West- Verhältnis angesichts der NATO-Nachrüstung noch verhindern lasse, antwortete Honecker unter anderem:

„...Ich nehme nicht an, daß die Ersetzung von harmlosen Selbstschußanlagen an unserer Grenze, die jetzt ja abgebaut werden, durch Pershing II und Cruise Missile die Situation zwischen der Bundesrepublik Deutschland und unserer Deutschen Demokratischen Republik verbessern werden...“

Und weiter:

Frage: „Sollen diese sogenannten Selbstschußautomaten an der Grenze der DDR völlig beseitigt werden?“

Antwort: „Die verschwinden vollkommen.“

Frage: „An der gesamten Länge der Grenze?“

Antwort: „An der gesamten Länge der Grenze.“

Frage: „Und sie werden auch nicht – das war jedenfalls in einigen Kommentaren in westdeutschen Zeitungen als Vermutung zu lesen –, sie werden auch nicht im hinteren Teil der Grenze neu errichtet?“

Antwort: „Ach, wissen Sie, ich beteilige mich nicht an der Spekulation der verschiedenen Zeitungsmeldungen. Die zuständigen Stellen bei uns haben sich entschlossen, diese Dinger abzubauen, und sie werden abgebaut, ja. Und außerdem besteht ja zwischen einer Selbstschußanlage und einer Cruise Missile und Pershing II ein kleiner Unterschied.“

Unabhängig davon, daß Minensperren an der Grenze zwischen der DDR und der BRD immer umstritten waren, stellte die Sperranlage 501 auch eine Gefahr für die DDR-Grenzsicherungskräfte selbst dar. Bei Gewitter mußte die Anlage abgeschaltet werden. Es wurden zusätzliche Sicherungskräfte benötigt, um im abgeschalteten Zustand den eventuellen Diebstahl von Minen zu verhindern. Weiterhin sollte bei außerbetriebgesetzter Anlage das Überwinden der Sperranlage ausgeschlossen sein. Vorhandener Streustrom konnte auch im abgeschalteten Zustand zu Minendetonationen führen. Im Winter kam es vor, daß bei hoher Schneelast Minen der unteren Reihe detonierten, soweit sie nicht gesichert waren.

Wie bereits bei den Erdminensperren waren auch bei der Anlage 501 Warnschilder mit folgendem Wortlaut aufgestellt:

ACHTUNG MINEN!
Gesperrt!
Lebensgefahr!

Kfz-Sperrgraben

An das sogenannte vordere Sperrelement schloß sich in Richtung DDR der Kfz-Sperrgraben an. Bei der ersten Variante planierte man einfach das Erdreich so an, daß es in Richtung BRD steil anstieg und ein Überwinden mit Räderfahrzeugen erschwerte bzw. fast unmöglich machte. Besonders für Fahrzeuge mit geringer Bodenfreiheit war es im Prinzip nicht möglich, diesen Sperrgraben zu überwinden. In einer weiteren Version war die steile Grabenwand in Richtung BRD zusätzlich mit einer Betonplatte ausgelegt. Diese war hohl, also nicht komplett mit Beton ausgefüllt.

Eine kleine Begebenheit aus der Region um Brennersgrün, im Landkreis Lobenstein, zeigt, daß diese Platten neben ihrer umstrittenen Sperrwirkung als Nebeneffekt auch eine nützliche Funktion hatten. Dachse und manch andere Wildtiere nutzten den vorhandenen Hohlraum als Unterschlupf.

Nach dem Kfz-Sperrgraben folgte der bereits im Kapitel Kontrollstreifen–Stacheldraht–Minen beschriebene SPURENSTREIFEN.

Grenzzaun I mit Kfz-Sperrgraben und Spurenstreifen bei Brennersgrün
Foto: Hermann

Minenwarnschild bei Brennersgrün Juli 1992
Foto: Hermann

Grenzzaun I ohne Kfz-Sperrgraben bei Schlegel

Foto: Hermann

Splittermine SM-70 der Sperranlage 501 am Grenzzaun I angebaut

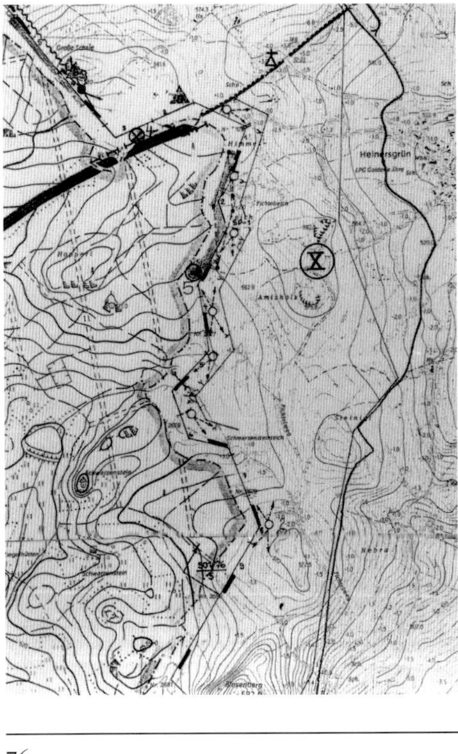

Oben:
Sperranlage 501 mit Splitterminen SM-70 am Grenzzaun I

Links:
Dokumentation Sperranlage 501 (SM-70) in einer Karte der Grenztruppen der DDR (Grenzabschnitt Wiedersberg)
Quelle: Bundesarchiv Militärisches Zwischenarchiv Potsdam
Fotoreproduktion: Schaffner

PMP-71 (DDR)

Gehäuse: Hartplastik schwarz

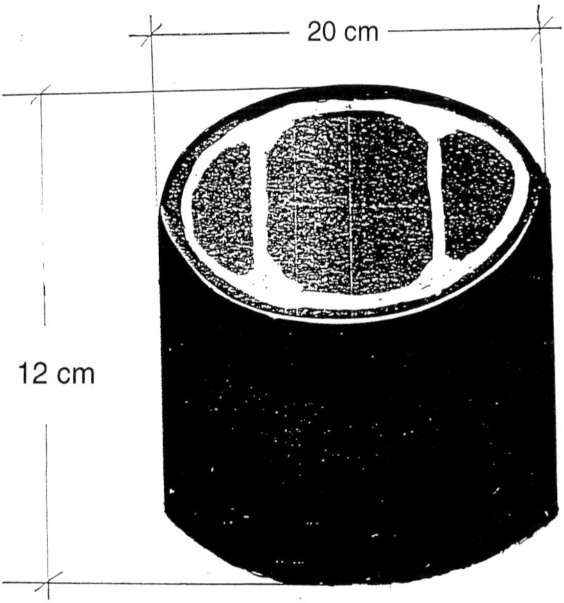

wurde seit 1971 eingesetzt

PMD-6M (UdSSR)

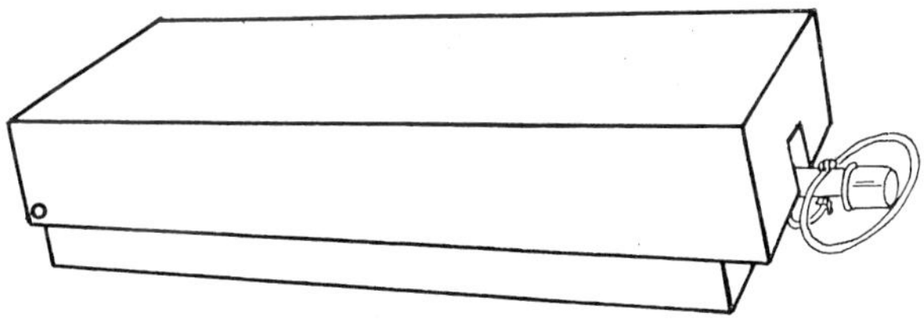

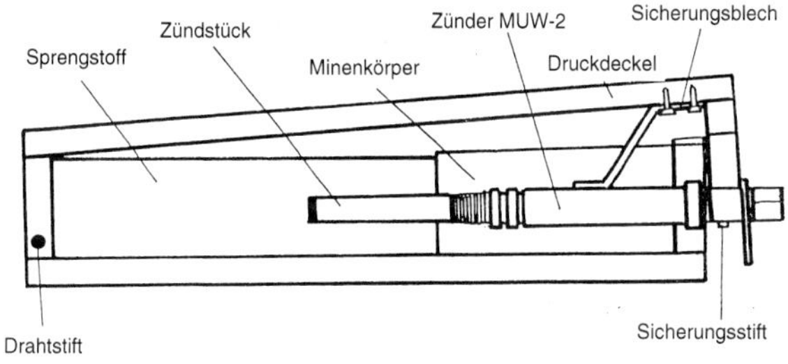

PMD-6M; wurde seit 1962 in den Erdminensperren an der innerdeutschen Grenze verlegt.

POMS-2 (UdSSR)

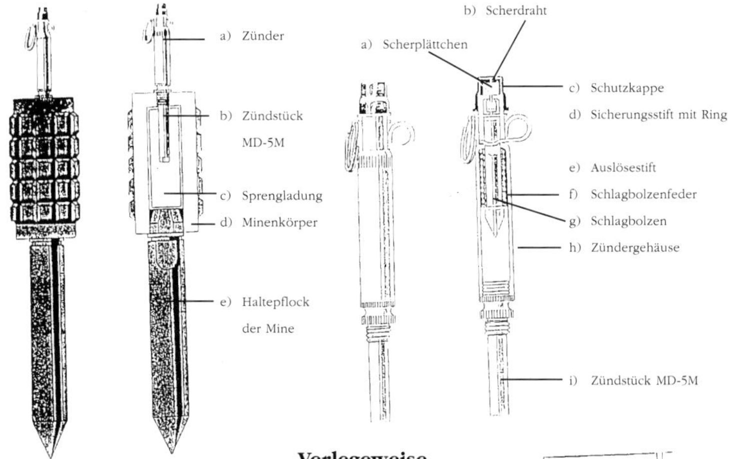

Verlegeweise

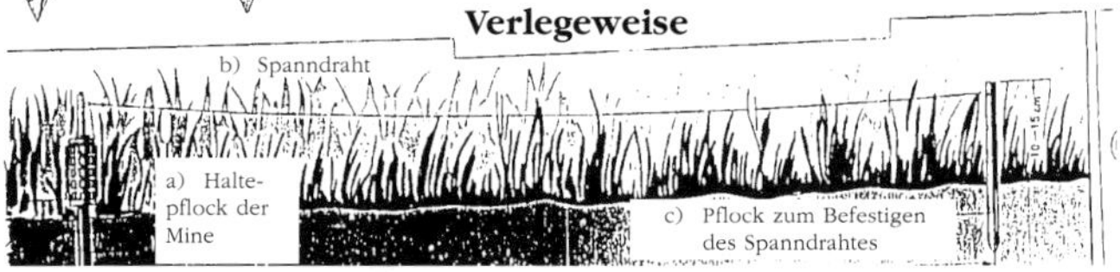

PMN
(UdSSR, Bulgarien)

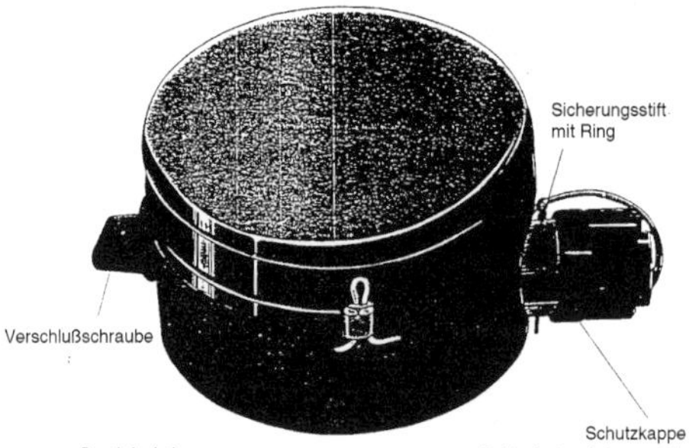

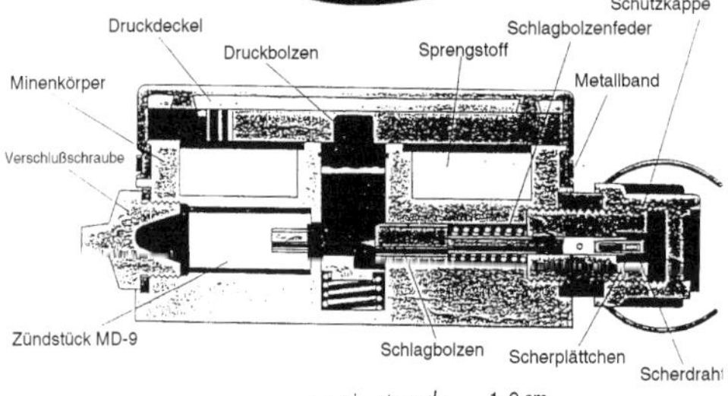

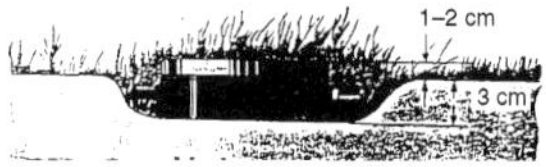

Oben:
Infanteriemine POMS; wurde in den Erdminensperren an der innerdeutschen Grenze seit 1961 verlegt

Links:
PMN; wurde ebenfalls in den Erdminensperren an der innerdeutschen Grenze ab 1963 eingesetzt.

PPM-2 (DDR)

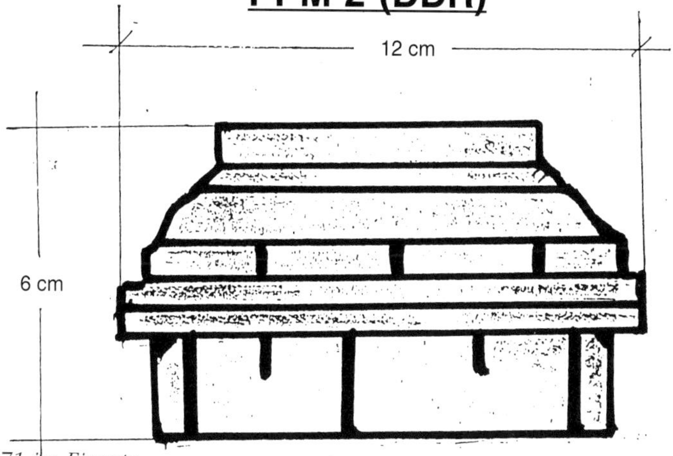

seit 1971 im Einsatz

PMD-6m (UdSSR)

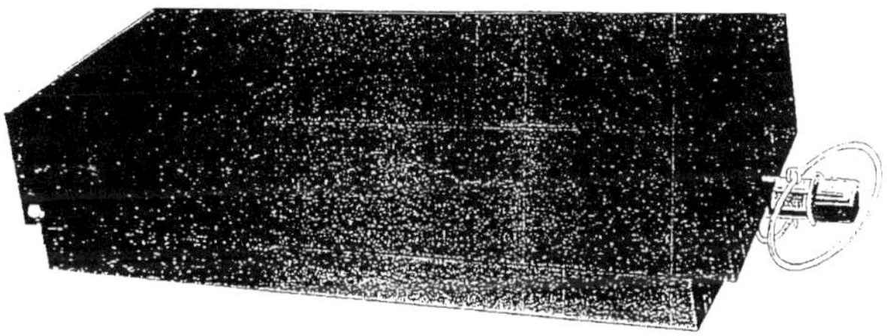

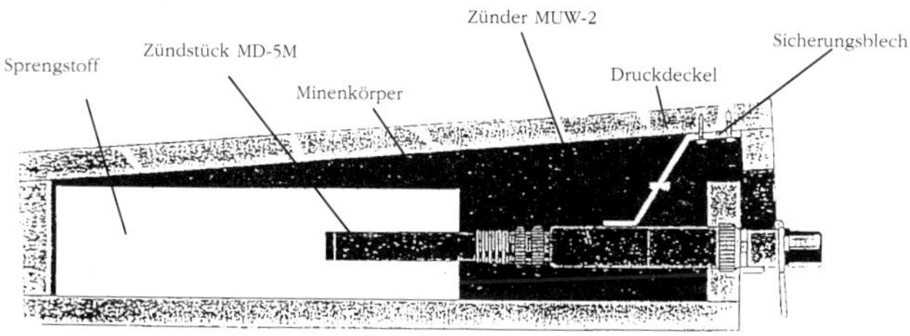

Verlegeweise

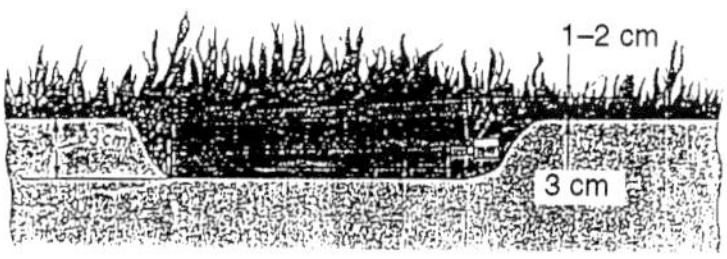

PMD-6m; wurde in den Erdminensperren an der innerdeutschen Grenze seit 1962 verlegt.

Kolonnenweg

Zur Erhöhung ihrer Beweglichkeit legten die DDR-Grenzsicherungskräfte Kolonnenwege an. Zunächst nutzte man vorhandene Straßen und Wege unterschiedlichen Zustands. Diese ergänzte man nach und nach durch sogenannte Plattenwege. Die Platten waren entweder durchgehend oder in gelochter Form aus Beton. Man verlegte sie als Fahrspurplatten in zwei Reihen. Es existierte ein Kolonnenweg, der parallel zum Kontrollstreifen 6 Meter verlief und einer in Richtung Hinterland. Dieser konnte auch andere Straßen und Wege in Grenznähe miteinander verbinden. Als Höchstgeschwindigkeit waren den DDR-Grenzsicherungskräften 30 Kilometer pro Stunde erlaubt. Fahrzeuge ziviler Betriebe und Einrichtungen durften nur mit ausdrücklicher Sondergenehmigung den Kolonnenweg benutzen. In regelmäßigen Abständen existierten Ausweichstellen. Im Winter konnten nur flache Abschnitte bzw. solche mit geringer Steigung oder Gefälle befahren werden. Aufgrund von Befehlen sperrte man im Winter Steilhänge und andere riskante Abschnitte.

Erwähnenswert im Zusammenhang mit dem Abbau der Sperranlagen ist, daß der Kolonnenweg meist belassen wurde. Vorwiegend wird er durch Land- und Forstwirtschaft genutzt. Oftmals dient er auch als zusätzlicher Verbindungsweg in Regionen, die seit der Wende verkehrsmäßig noch nicht wieder vollkommen erschlossen werden konnten. Ein Beispiel ist der Verbindungsweg Kandelstein Landkreis Plauen zum Ortsteil Föhrig der Gemeinde Trogen im Landkreis Hof.

Beobachtungstürme

In unterschiedlicher Form errichtete man Beobachtungstürme an der Grenze. Die erste Generation in den fünfziger Jahren war fast ausschließlich aus Holz gefertigt. Nachdem zu Beginn der sechziger Jahre der Bau von Erdminensperren nahezu abgeschlossen war, setzte man alte Türme instand und erbaute neue Türme. Für solch einen neuen Turm waren Fundamente erforderlich. Diese betonierte man zunächst. Per LKW transportierte man einzelne Teile des Turmes heran. Daraufhin baute man den Beobachtungsturm auf der Erde liegend zusammen. Mit Hilfe eines Lastkraftwagens wurde der Wachturm hochgezogen und auf die Fundamente gestellt. Befestigt wurde er an den im Fundament eingelassenen Eisenschienen. Ein Grenzmeldenetzanschluß (ähnlich einem Telefon) ergänzte den Beobachtungsturm. Auf diesen Türmen existierte keine Heizung. Bei starkem Frost gefroren die Scheiben, so daß nur bei offenem Fenster irgendwelche Beobachtungen wahrgenommen werden konnten. Es soll auch vorgekommen sein, daß solche Holztürme aus Unachtsamkeit abbrannten.

Aus dem Jahr 1968 ist die Existenz erster Beobachtungstürme aus Beton bekannt. Die Beobachtungskanzel befand sich je nach Ausstattungsvariante in sechs oder elf Metern Höhe. Der Turmschaft bestand aus mehreren Betonringen, welche untereinander mit einer entsprechenden Stahlkonstruktion verbunden waren. Zum Aufbau eines solchen Turms war ein Kran notwendig. Das Dach der Kanzel war mit einem Kaltanstrich versehen. Zusätzlich waren ein Schutzgeländer und ein Blitzableiter angebracht. Auf dem Dach befand sich ein Scheinwerfer mit einer Leistungsaufnahme von 500 bis 2000 Watt. Die Kanzel selbst hatte die Form eines Achtecks und war mit Kippfenstern versehen. Als Standardausrüstung waren folgende Gegenstände vorhanden:

- Strickleiter für Havariefälle
- Windrose zum Bestimmen der Flugrichtung von Luftfahrzeugen
- Grenzmeldenetz
- eventuell Funkgerät
- auf Befehl Fototechnik
- Sitzhocker
- Reinigungsgerät
- Heizkörper
- Netzanschluß 220 Volt
- Feuerlöscher
- Beobachtungsschema
- Fotos vom Erkennungsdienst (Technik u. Uniformen der GÜO der BRD u. a. bzw. der NATO).

Die baupolizeilichen Bestimmungen sahen vor, daß sich in der Kanzel maximal 5 Personen aufhalten durften. Bei extrem hohen Windgeschwindigkeiten mußte der Turm verlassen werden. Der Turmschaft war in mehrere halbmondförmige Zwischengeschosse eingeteilt. Diese waren mit Stahlleitern untereinander verbunden. Weiterhin war eine Turmschaftbeleuchtung vorhanden.

Diese runde Form ersetzte man später durch kastenförmige Beobachtungstürme. Sie waren ähnlich ausgestattet wie ihre Vorgänger. Bei ihnen war die Kanzel in neun Metern Höhe angebracht. Bundesfinanzminister Theo Waigel gab am 8. Dezember 1993 an der ehemaligen innerdeutschen Grenze bei Titschendorf im Landkreis Lobenstein das Signal zur Beseitigung eines Beobachtungsturms der DDR-Grenztruppe. 36 Türme bleiben an der einstmals 1380 Kilometer langen Grenze als Mahnmal erhalten.

Führungsstellen

Mit der bereits im Buch beschriebenen Bataillonssicherung erfolgte der Bau von Führungsstellen im Gelände. Zunächst nutzte man vorhandene Beobachtungstürme. Auch andere Varianten existierten. Im Dornholz unweit der Bundesstraße 2 wurde 1978/79 noch ein einzelnstehendes und nicht mehr bewohntes Gehöft als Führungsstelle genutzt. Später errichtete man einen spezifischen Typenbau. In dessen Keller war die Stromversorgung untergebracht. Dazu zählte auch ein Notstromaggregat. Das Erdgeschoß beherbergte einen Batterieraum, einen Verteilerraum und eine Toilette mit Waschgelegenheit. Der erste Stock wurde als Unterbringungsraum für eine mobile Einsatzreserve genutzt. Sie bestand aus vier Grenzsoldaten. Einer von ihnen war als Alarmgruppenführer bestimmt. Funkgerät, Spurenlampe und ein Fahrzeug zählten zu ihrer Ausrüstung. Feldbetten, Hocker, Tisch, Besenschrank und Bahnheizkörper standen den Soldaten in ihrem Unterbringungsraum als Ausstattung zur Verfügung. Im zweiten Stock war die eigentliche Führungsstelle untergebracht. Funkgeräte, Anzeigen für den Grenzsignalzaun, Prüf- und Schaltanlage 501 (SM-70), ortsfeste Drahtnachrichtenverbindungen und eine Karte des Grenzabschnittes im Maßstab 1:10 000 waren die wesentlichen Bestandteile der Führungsstelle. Auf dem Dach waren ein Scheinwerfer und Antennen für die Funktechnik.

Unmittelbar an der Ortsverbindungsstraße Tiefenbrunn, Landkreis Oelsnitz i.V., nach Mittelhammer im Landkreis Hof befindet sich noch eine erhaltene Führungsstelle. Seit der Wende wird sie von Amateurfunkern genutzt. Fast alle anderen Führungsstellen wurden abgerissen.

Signalgeräte

Aus den siebziger und achziger Jahren sind die Typen SP-1 und R-67 bekannt. Das Signalgerät SP-1 bestand im wesentlichen aus einem Karabinerschloß, welches mit Signalmunition (Platzpatrone) geladen war. Man brachte es an einem Baum an oder an extra dafür hergestellten Haltevorrichtungen. Nach links und rechts spannte man jeweils Signalschnur auf einer Höhe von etwa 0,5 Meter über dem Erdboden. Wenn durch Berührung die Schnur gestrafft wurde, löste sich das Signalgerät aus. Dies konnte durch eingesetzte Grenzsicherungskräfte wahrgenommen werden. Sie ermittelten dann die Ursache der Auslösung. Man konnte diese Geräte entweder als Linie oder als Feld aufbauen. So konnten auch größere Geländeabschnitte gesperrt werden.

Im Unterschied zum SP-1, wo man einen Knall wahrnahm, wurden beim R-67 Leuchtspurpatronen verwendet. Hier gab es verschiedene Signalfarben, kombiniert mit einer unterschiedlichen Anzahl von Sternen. So existierten u. a. ein Stern, zwei Stern und drei Stern. Die Farben waren gelb, grün und rot. Bereits auf große Entfernung konnte die Auslösung wahrgenommen werden. Gleichzeitig war eine relativ genaue Bestimmung des Standortes möglich. Auf den Führungsstellen waren Dokumentationen vorhanden, in der der Aufbau der Signalgeräte eingezeichnet war.

Beispiel: Mühlberg, ein Feld, bestehend aus 20 R-67, aufgeladen mit 3 Stern rot.

Im Winter gestaltete sich die Gewährleistung der Einsatzbereitschaft als äußerst kompliziert. So war oft Rauhreif an den Schnüren. Mit zunehmendem Gewicht wurden die Signalgeräte ausgelöst. Schneeverwehungen sorgten dafür, daß sie voll und ganz verschwanden.

Aufgrund der Waldbrandgefahr rüstete man im Frühjahr die R-67 mit Leuchtspureinsatz um. Hierzu verwendete man spezielle Einsätze, welche mit Platzpatronen gefüllt wurden.

Signalgeräte verwendete man auch zur sogenannten Objektsicherung. So war beispielsweise der Munitionsbunker einer Grenzkompanie mit Signalgeräten umgeben.

Hundelaufanlagen

Die zwei wesentlichen Formen waren die Laufseilanlage und der Freilauf, kombiniert mit dem Grenzsignalzaun. Eine Laufseilanlage war links und rechts mit einem Zweibein versehen. Dieses Zweibein wurde mit Hilfe von Ankern gespannt. Von Zweibein zu Zweibein erstreckte sich ein Seil, an dem eine Rolle mit einem Karabinerhaken befestigt war. An dem Karabinerhaken konnte die Kette eingehangen werden, an der der Hund angebunden wurde. Am Laufseil war jeweils links und rechts ein Begrenzer angebracht. Für den Hund stellte man eine Schutzhütte auf. Ähnlich wie bei den Signalgeräten sperrte man freie Flächen oder auch Wege und Schneisen mit solchen Laufanlagen. Es konnten auch mehrere Anlagen überlappend aufgestellt werden.

Bei den Hundefreiläufen war es so, daß der Signalzaun mit einem im Abstand von etwa drei Metern aufgebauten Maschendrahtzaun verbunden war. In dem Freiraum waren Hunde eingesetzt. Trennwände teilten die Freiläufe ab. Solche Freiläufe waren u. a. an der Ortsverbindungsstraße Heinersgrün–Gutenfürst im Landkreis Plauen und im sogenannten Wassertal bei Brennersgrün im Kreis Lobenstein vorhanden.

Grenzsignalzaun

Die Vorgänger waren in den sechziger Jahren zweireihige Stacheldrahtzäune. Sie waren aber nicht durchgehend aufgebaut. Es existierte auch noch keine elektrische bzw. elektronische Signalgebung. Die ersten Grenzsignalzäune besaßen eine örtlich im Gelände vorhandene optische (Rundumleuchte) und akustische (Horn) Anzeige.

Das Prinzip war schon damals so, daß bei Berührung von zwei Drähten bzw. dem Zerschneiden ein Signal ausgelöst wurde.

Der erste durchgehend errichtete Zaun war der sogenannte Grenzsignalzaun 70. Er wurde parallel mit der Einführung der Bataillonssicherung aufgebaut. Neu war hier, daß neben der örtlichen Anzeige im Gelände eine Anzeige auf einer in der Führungsstelle untergebrachten Zentraleinheit erfolgte. Eine solche Anzeige war das Signalgerät Brocken. Hierzu war der Signalzaun in Felder eingeteilt. Ein solches Feld konnte durchaus in der Anfangszeit 300 Meter lang sein. Diese Felder waren numeriert. Die Nummern selbst waren wieder auf der Zentraleinheit angebracht. Bei einer Auslösung leuchtete das entsprechende Feld auf und akustisch wurde ein Klingelton erzeugt. Anhand der Numerierung konnte festgestellt werden, welches Signalzaunfeld im Gelände auslöste. Der Grenzsignalzaun 70 bestand selbst aus einer Streckmetalltafel. Oberhalb dieser waren mehrere Stacheldrähte gespannt. Den Abschluß bildete ein sogenanntes Abweiserteil, welches in einem Winkel von etwa 45 Grad in Richtung DDR zeigte. Auf diesem Abweiser waren vier Drähte gespannt.

In wildreichen Gegenden wurde ein sogenannter Hinterlandssicherungszaun errichtet. Hier waren wie beim Grenzzaun I drei Streckmetalltafeln übereinander angebracht. Den Abschluß bildete der bereits beschriebene Abweiser. Insgesamt erreichte ein solcher Hinterlandssicherungszaun eine Höhe von etwa drei Metern.

Eine versuchte Perfektion wollte man mit dem Signalzaunbau an der Grenze der DDR zur BRD in der Errichtung des Grenzsignal- und Sperrzaun II erreichen. Er wurde oftmals auch als GSSZ-II bezeichnet. Dieser Zaun, dessen Gesamthöhe 2,30 Meter betrug, bestand wie seine Vorgänger aus einem Sperr- und einem signaltechnischen Teil. Der sperrtechnische Teil umfaßte die Betonzaunsäulen, die Streckmetallplatten und als Neuerung Unterkriechschutzplatten. Der signaltechnische Teil umfaßte Spannelemente, Signaldrähte und die gesamte Grenzsignalzaunelektronik. Folgende Neuerungen waren im signaltechnischen Teil vorhanden. Die Signalzaundrähte reichten nunmehr bis zum Erdboden. Insgesamt waren 24 Signaldrähte geschalten. Den Abschluß bildete nicht mehr ein Abweiser, welcher einseitig in Richtung DDR zeigte, sondern ein V-förmiges Gebilde, welches mit acht Drähten (auf jeder Seite vier) versehen war. Die gesamte Elektronik war nicht mehr so empfindlich gegenüber Gewitter wie bei früheren Typen, die oftmals regulär abgeschalten werden mußten. In der Regel existierten keine Anzeigen mehr im Gelände. Nur noch auf der Zentralen Anzeige ZA 40 erfolgte ein Signal. Neu war auch, daß Signalzauntore elektronisch geöffnet werden konnten. Neben dem Signalzaun konnten auch Wasserdurchlässe, Türen von Beobachtungstürmen und Zugänge zu Kabelschächten angeschlossen und somit elektronisch überwacht werden. Nachteilig wirkte sich aus, daß im Winter bei Schneeverwehungen die unteren vier Drähte oftmals auslösten. Als Alternative konnte man sie abschalten. Oftmals mußte auch der Schnee in manueller Arbeit beseitigt werden. Im Sommer konnte hochgewachsenes feuchtes Gras zu Fehlauslösungen fuhren.

Von DDR-Seite aus gesehen, war vor dem Signalzaun ein 2 Meter breiter Spurenstreifen angelegt. Er wurde am Nachmittag bis zum Einbruch der Dunkelheit täglich kontrolliert. Nachts erfolgten in Schwerpunktabschnitten sogenannte Intervallkontrollen. Der Verlauf der Schutzstreifenbegrenzung in Richtung DDR war fast identisch mit der Trassenführung des Grenzsignalzauns.

Scheinwerfer – Lichttrassen

Neben den auf Beobachtungstürmen und Führungsstellen genannten Scheinwerfern existierten zahlreiche weitere Möglichkeiten der Installation von stationären und mobilen Scheinwerfern. Fast jedes Fahrzeug vom LKW LO über die geländegängigen PKW P 3/UAZ 469 B, den PKW Trabant P 601 A/Kübel bis zum Krad war mit einem Suchscheinwerfer neben der üblichen Fahrzeugbeleuchtung ausgerüstet.

An ausgewählten Punkten standen im Gelände Scheinwerfer auf 12-Volt-Basis. Sie waren entweder nur über einen Akku betrieben, welcher regelmäßig zum Laden ausgetauscht oder im Pufferbetrieb an eine stationäre Stromversorgung angeschlossen wurde. Es gab auch die Verbindung mit dem bereits beschriebenen Grenzsignalzaun 70. Hier waren ein oder auch zwei Scheinwerfer mit einer Feldanzeige im Gelände gekoppelt. Wenn ein Feld auslöste, schaltete sich automatisch der zugeordnete Scheinwerfer an. Scheinwerfer dienten vor allem zur Ausleuchtung von Schluchten, Talsenken und anderen unübersichtlichen Geländestellen. Sie konnten auch an Brücken, vorhandenen Gebäuden oder als Zusatzscheinwerfer an Beobachtungstürmen angebracht sein. Besonders entlang der Saale im Bereich der Lederfabrik Hirschberg, der Grenzübergangsstelle Hirschberg, der Ortschaft Sparnberg und des Werks II der Zellstoff- und Papierfabrik Blankenstein waren neben Lichttrassen spezifisch ausgerichtete Einzelscheinwerfer angebracht. Hier wurde im wahrsten Sinne des Wortes die Nacht zum Tag.

Lichttrassen leuchteten weitaus größere Geländeabschnitte aus. Eine der längsten Lichttrassen erstreckte sich von Blankenstein über den Rehberg bis zum Werk II der ortsansässigen Zellstoff- und Papierfabrik . Auch große Talsenken waren mit Lichttrassen versehen. Ein Beispiel war das Wassertal bei Brennersgrün im Landkreis Lobenstein. Meist verliefen Lichtrassen parallel zum Grenzsignalzaun. Sie waren mit speziellen Halogenlampen ausgestattet, die über eine große Leuchtkraft verfügten. Es konnte aber auch ein spezielles Objekt ausgeleuchtet werden. Durch eine Art Flutlichtanlage war der Bahnhof Gutenfürst als Grenzübergangsstelle ausgeleuchtet. Weithin war in der Nacht die Reflexion am Himmel zu sehen. In den achtziger Jahren setzten Energiesparmaßnahmen ein. So wurden Lichtrassen nach einem Zeitplan eingeschaltet. Neben dem Effekt des Ausleuchtens eines Teils des Schutzstreifens hatten sie auch eine ungewollte Nebenwirkung. Sie dienten den Menschen als Orientierung, die um jeden Preis an einer ausgewählten Stelle die Grenzsperranlagen überwinden wollten. Oftmals noch außerhalb der Sperrzone konnte man sich anhand von Lichttrassen orientieren.

Blankenstein; spielende Kinder auf dem Gebiet der BRD. In Bildmitte Beobachtungsturm der DDR GT „Saalebrücke“.

Foto: Schaffner

Oben:
Lederfabrik Hirschberg; Sperranlagen zwischen Betrieb und Saale (Aufnahme erfolgte mit Teleobjektiv von BRD-Seite).

Foto: Schaffner

Links:
Scheinwerfer, Freigelände Deutsch-Deutsches Museum

Foto: Hermann

Links:
Führungsstelle bei Lichtenhain
Foto: Hermann

Unten:
Blankenstein, Erneuerung des Grenzsignalzaunes Anfang der achtziger Jahre. Im Vordergrund ein Bayerischer Grenzpfahl.
Foto: Schaffner

Blankenstein, Zellstoff- und Papierfabrik; Flußsperrwerk

Foto: Schaffner

Beobachtungsturm, davor Grenzsignalzaun mit Spurenstreifen bei Pabstleithen

Foto: Schaffner

Hundelaufanlage bei Blankenstein

Foto: Schaffner

Mauer Saale, hinter der Mauer Kleinbahn der ZPR; Grenzsoldaten beim Zaunbau (GSZ) Anfang der achziger Jahre.

Foto: Schaffner

Kolonnenweg bei Lehesten

Foto: Hermann

Grenzsignalzaun mit Spurenstreifen

Foto: Schaffner

V-förmiger Abweiser des Grenzsignal- und Sperrzaunes II bei Pabstleithen; durch die Grenztruppen auch als Y-Abweiser bezeichnet.

Grenzsignalzaun mit Hundelaufanlage an der Ortsverbindungsstraße Gutenfürst–Heinersgrün 1989

Grenzsperranlagen bei Blankenstein zur Nachtzeit im Winter

Foto: Schaffner

Durchlaß in einer Erdminensperre in den sechziger Jahren

Posten mit MPI Kalaschnikow beim Beziehen eines Holzbeobachtungsturmes

Holzbeobachtungsturm (sechziger Jahre), davor zur Grenze Sichtblende

Grenzmeldenetz – Funkgeräte

Das Grenzmeldenetz war eine Drahtnachrichtenverbindung, die sich die DDR-Grenzsicherungskräfte schufen, um Befehle und Weisungen zu erteilen sowie Meldungen und Informationen entgegenzunehmen. Anfangs bestand das GMN aus einem System von zweiadrigen Freileitungen. Holzmasten dienten der Installation der Freileitungen. An diesen Holzmasten befanden sich Anschlußbuchsen. Mit Hilfe eines sogenannten GMN-Hörers konnte hier eine Verbindung hergestellt werden.

Die Freileitungen wurden später durch eine Erdverkabelung ersetzt. An Betonelementen, welche aus der Erde herausragten, wurde die bereits genannte Anschlußbuchse installiert. Der GMN-Hörer wurde durch eine Postensprecheinrichtung ersetzt. Er hatte die Form eines abgeflachten Telefonhörers.

Zur Verschleierung des Inhaltes von Meldungen verwendete man eine Postentabelle. In ihr waren u. a. eine Sprechtafel und eine Zahlentafel enthalten. In der Sprechtafel waren Wortgruppen eingetragen. Senkrecht und waagerecht wurden um die Sprechtafel mit Bleistift in die vorhandenen Felder Buchstaben zur Verschlüsselung eingetragen. Diese Verschlüsselung wechselte man täglich.

Beispiel: Offizieller Sprachgebrauch

„Verstärkungskräfte eingetroffen"

An diesem Tag waren laut Sprechtafel die Buchstaben A und O zur Verschleierung zu nutzen.

Dann wurde durchgegeben:

„Anton Otto eingetroffen."

Oftmals wurde aber auch aus Zeitgründen auf die Verschlüsselung verzichtet.

Zur besseren Orientierung enthielt jede Postentabelle eine Skizze des Grenzabschnitts mit den Postenpunkten.

Bei Ausfall des Grenzmeldenetzes wurden Signale mit Hilfe von Handleuchtzeichen gegeben, welche in einer Signaltafel in der Postentabelle vorgegeben waren. Beispiel: Ausfall des Grenzmeldenetzes 3 Stern grün.

Neben dem Grenzmeldenetz standen auch Funkgeräte für die Nachrichtenübermittlung zur Verfügung. So wurden u. a. die Typen R 126 und R 109 verwendet (R Abkürzung aus dem Russischen „Radiostanzia"). Dies waren Röhrengeräte mit großem Gewicht. Ihre Reichweite war begrenzt. Sie betrug oftmals nur 5 Kilometer, abhängig vom jeweiligen Gelände. Eine neue Generation stellte das Funksystem U 700 dar. Dies waren Transistorgeräte. Sie waren von geringem Gewicht. Ein Netz von Umsetzerstationen erlaubte große Reichweiten. Es wurde nicht mit Frequenzen im herkömmlichen Sinne, sondern mit Funkkanälen gearbeitet. Die Röhrengeräte wurden eingemottet. Man ging davon aus, daß sie im Rahmen der gefechtsmäßigen Grenzsicherung radioaktive Verseuchung eventuell eher überstehen könnten als Transistorgeräte.

Beschilderung Schutzstreifen

Kennzeichnung des Verlaufs des Schutzstreifens:

Schutzstreifen
Betreten und Befahren
verboten!

Kennzeichnung der für den Verkehr freigegebenen Zufahrtsstraßen und -wege:

Schutzstreifen
Betreten und Befahren
nur mit Sondergenehmigung
gestattet!

Die Größe der Schilder betrug 40 x 60 cm mit schwarzer Schrift auf gelbem Grund.

Kontrollstellen, Sperren und Hundelaufanlagen der Deutschen Volkspolizei

Wie bereits im Kapitel Deutsche Volkspolizei erwähnt, waren an den Zufahrtsstraßen zum Grenzgebiet Kontrollstellen eingerichtet. Ein Verkehrsregulierungssystem, bestehend aus Ampel (rot, grün) und Hinweisschildern, befand sich vor der Kontrollstelle. Ein beweglicher Schlagbaum ergänzte die Einrichtung. Hier war meist ein Schild angebracht, das dazu aufforderte, den Motor abzustellen. Funkmast, Scheinwerfer, Straßenbeleuchtung und Sicherungszaun gehörten ebenfalls zur Ausstattung einer solchen Einrichtung. Das Gebäude selbst bestand im wesentlichen aus dem Dienstzimmer, sanitären Einrichtungen und einer Abstellkammer. Um zu verhindern, daß sich jemand der Kontrolle entzieht und versucht, mit dem Fahrzeug durchzubrechen, existierte eine Straßensperre. Sie wurde mechanisch ausgelöst, per Seilzug. Dabei existierten unterschiedliche Ausführungen. Am gebräuchlichsten war der sogenannte „Igel". Zur Verhinderung des Umgehens der Kontrollstelle zu Fuß waren oftmals rechts und links Laufseilanlagen mit Wachhunden vorhanden.

Neben Kontrollstellen existierten auch feste Sperren an solchen Zufahrtswegen, die nicht für den öffentlichen Verkehr freigegeben waren. Weiterhin waren bewegliche Schlagbäume vorhanden, deren Handhabung schon im Kapitel Variante Grenzregime 1985 beschrieben wurde.

Beschilderung der Sperrzone

Kennzeichnung des Verlaufs der Sperrzone:

Grenzgebiet
Sperrzone

Betreten und Befahren
verboten!

Kennzeichnung der für den Verkehr freigegebenen Zufahrtstraßen:

Grenzgebiet
Sperrzone

Betreten und Befahren nur mit
Sondergenehmigung gestattet!

ST 53010/2 Variante Ex Blatt 1a
1
Einsatz
EsAs
GAs
GP
ZW mit
AG
GAk
Nachbar-posten
Festnahme
Grenzverletzer
Durchbruchstelle
gedeckter Einsatz
BP Beobachtung
SP Sicherung
GSt
Kontrolle
keine Anzeichen einer Grenzverletzung
Kontrollstreife
Person flüchtig
in Richtung
aus Richtung
Verfolgung
Beschädigung / beschädigt
Verstärkungskräfte
Auslösung
Ausfall
Übergabepunkt
Standort
Stärke
Postenpunkt
passiere / passieren
Abriegelung von.... bis......
Anwendung der Schußwaffe

Sprechtafel Blatt 1a
Fotoreproduktion: Schaffner

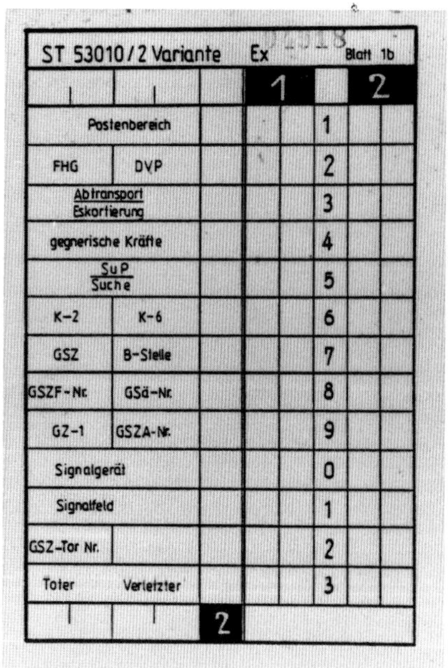
ST 53010/2 Variante Ex Blatt 1b
1
2
Postenbereich 1
FHG DVP 2
Abtransport Eskortierung 3
gegnerische Kräfte 4
SuP Suche 5
K-2 K-6 6
GSZ B-Stelle 7
GSZF-Nr. GSä-Nr. 8
GZ-1 GSZA-Nr. 9
Signalgerät 0
Signalfeld 1
GSZ-Tor Nr. 2
Toter Verletzter 3
2

Sprechtafel Blatt 1b
Fotoreproduktion: Schaffner

Gebrauchsanweisung zur ST 53010

1. Die ST dient der Verschleierung von kurzen Befehlen an die zum GD und zu sicherstellenden Maßnahmen im GAs eingesetzten Kräfte bzw. der Meldung an den Vorgesetzten bei der Arbeit über Funk-und Drahtverbindungen. Die Phrasensind in Verbindung mit Tarnbezeichnungen, Karten-und. Geländecodierungen anzuwenden. Alle Handlungen, die vom Gegner einzusehen sind bzw. ihm nicht von langzeitigem Nutzen sind, sind nicht zu verschleiern

2. **Mit der Sprechtafel arbeiten:**
   - OpD-GR; KGSi / K-SiA
   - im GAs eingesetzte sicherstellende Kräfte
   - Grenzposten

   Achtung! Die ST für die GP und die sicherstellenden Kräfte enthält nur Blatt 1.

3. **Verschleierung / Entschleierung.**
   - Begriffe: Ersetzen des Begriffes durch den Buchstaben des Schlüssels der zugehörigen Zeile und eines Buchstaben des Schlüssels der zugehörigen Spalte.
   - PP: In der Reihenfolge Hunderter-Zehner-Einer ersetzen der Ziffer durch einen Buchstaben des Schlüssels der zugehörigen Zeile

   Es entsteht Mischtext. Bei wiederholter Verschleierung sind Mehrfachmöglichkeiten zu nutzen. Die Anwendung der Zahlentafel ist anzukündigen durch a) Zahlenanfang, b) Zahlenende. Bei der Entschleierung sind die Vorgänge in umgekehrter Folge auszuführen.

4. Gültigkeitsdauer des Schlüssels: 24 Stunden
   Erfolgt der Einsatz über den Zeitpunkt des Schlüsselwechsels, ist neben dem gültigen Tagesschlüssel (1) der folgende Tagesschlüssel (2) vor Dienstbeginn einzutragen.

5. Kompromittierung und Verlust der Sprechtafel sind sofort dem Vorgesetzten zu melden.

Gebrauchsanweisung Sprechtafel
Fotoreproduktion: Schaffner

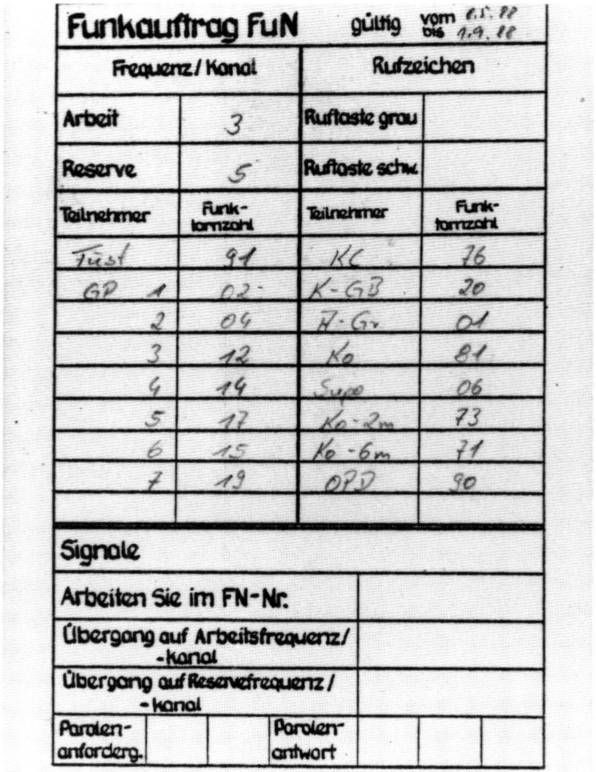

Funkauftrag FuN gültig vom 1.5.88 bis 1.9.88

Frequenz / Kanal		Rufzeichen	
Arbeit	3	Ruftaste grau	
Reserve	5	Ruftaste schw.	
Teilnehmer	Funktarnzahl	Teilnehmer	Funktarnzahl
Füst	91	KC	76
GP 1	02	K-GB	20
2	04	H-Gr	01
3	12	Ko	81
4	14	Supo	06
5	17	Ko-2m	73
6	15	Ko-6m	71
7	19	OPD	90

Signale							
Arbeiten Sie im FN-Nr.							
Übergang auf Arbeitsfrequenz/-kanal							
Übergang auf Reservefrequenz/-kanal							
Parolenanforderg.			Parolenantwort				

Funkauftrag
Fotoreproduktion: Schaffner

Oben links:
Sprechstelle Grenzmeldenetz Freigelände Deutsch-Deutsches Museum Mödlareuth
Foto: Hermann

Oben rechts:
Kennzeichnung der für den Verkehr freigegebenen Straßen
Foto: Hermann

Unten links:
Kennzeichnung Verlauf Schutzstreifen Freigelände Deutsch-Deutsches Museum Mödlareuth
Foto: Hermann

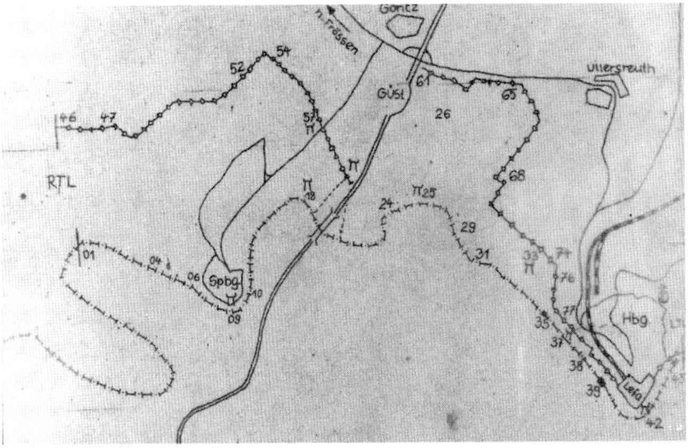

Skizze Grenzabschnitt der Grenzkompanie Hirschberg mit eingezeichneten Postenpunkten Fotoreproduktion: Schaffner

Opfer

Erst war es eine Demarkationslinie zwischen den Besatzungszonen der Vereinigten Staaten von Amerika, des Vereinigten Königreiches von Großbritannien und Nordirland und der Sowjetunion. Später war sie nach Rechtsauffassung der Bundesrepublik eine Landesgrenze, die jederzeit hätte überschritten werden können. Nach einem Urteil des Bundesverfassungsgerichtes handelte es sich bei der Grenze zur DDR um eine Grenze ähnlich denen, wie sie zwischen den Ländern der Bundesrepublik verlief. Es prägte sich der Begriff „innerdeutsche Grenze" ein. Nach Ansicht der DDR war es eine Staatsgrenze, die man nur an den dafür vorgesehenen Grenzübergangsstellen überschreiten konnte. Aus welchen Gründen auch immer Menschen vom Osten in den Westen Deutschlands und umgekehrt wollten, sie mußten mit Konsequenzen rechnen, wenn sie nicht bereit waren, das hierzu errichtete Grenzregime zu akzeptieren.

Mit Einschränkungen und sogar Strafen mußte auch gerechnet werden, wenn man nicht mit dem politischen System in der DDR einverstanden war. Das Letztgenannte und der Vorwurf der Spionage, Sabotage und des Schiebertums war u. a. Grund für die Aussiedlung von zahlreichen Menschen aus den grenznahen Gebieten durch offizielle Stellen der Regierung der DDR. Mit sehr viel Leid war es verbunden, wenn man das eigene Anwesen verlassen mußte und irgendwo im Landesinneren etwas zugewiesen bekam. Keiner weiß genau, wieviele Menschenschicksale sind mit der Aussiedlungspolitik der DDR-Regierung besonders in den Jahren 1952, 1961 und selbst noch in den siebziger Jahren verbunden sind.

Selbst wenn man sich mit den gesellschaftlichen Verhältnissen in der DDR abgefunden hatte, mußte mit Aussiedlung gerechnet werden. Oftmals behinderte ein einzelnes Gehöft, oder auch ein Ortsteil die Errichtung der Grenzsicherungsanlagen. Die Gemarkung Wieden, die Gemeinde Troschenreuth und der Ortsteil Markusgrün der Gemeinde Heinersgrün im Landkreis Oelsnitz i. V. sind nur noch der älteren Generation bekannt bzw. als Name noch auf Landkarten verzeichnet.

Auch Menschen aus dem benachbarten Oberfranken wurden betroffen. Mit Schließung der Grenze verloren viele Menschen aus dem benachbarten Oberfranken ihren Arbeitsplatz. Markante Beispiele waren die Lederfabrik Hirschberg und die Schiefergruben bei Lehesten. Neue Arbeitsstellen waren schwierig zu finden und oft weit entfernt. Viele Menschen waren gezwungen, auf andere Art und Weise ihren Lebensunterhalt zu verdienen.

Betroffen waren aber auch Bürger im Osten Deutschlands. Währungsspekulation und Schiebertum wirkten sich besonders in den Nachkriegsjahren nachteilig auf die ostdeutsche Wirtschaft aus. In fataler Weise traf das auch auf die Reparationsforderungen durch die Sowjetunion zu.

Das bisher Genannte kann aber trotz allem nicht gleichgesetzt werden mit der Tatsache, daß Menschen an dieser Grenze zu Tode kamen. Nicht zu vergessen die vielen tausend, die unter dieser Grenzziehung psychisch litten oder davon zugrundegingen. Werner Filmer und Heribert Schwan verdeutlichen in ihrem Buch „Opfer der Mauer", erschienen in der C. Bertelsman Verlag GmbH, München 1991, das Schicksal von Menschen, die an dieser Grenze starben. Ihnen war es möglich, Schriftstücke des Berichtswesens der DDR-Grenzsicherungskräfte Einsicht zu sehen, die bisher der Öffentlichkeit verborgen blieben. Einige sollen an dieser Stelle genannt werden:

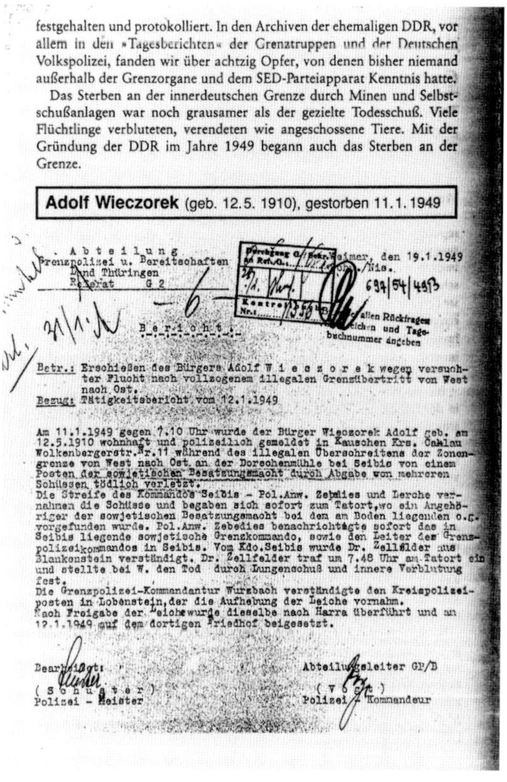

festgehalten und protokolliert. In den Archiven der ehemaligen DDR, vor allem in den »Tagesberichten« der Grenztruppen und der Deutschen Volkspolizei, fanden wir über achtzig Opfer, von denen bisher niemand außerhalb der Grenzorgane und dem SED-Parteiapparat Kenntnis hatte.

Das Sterben an der innerdeutschen Grenze durch Minen und Selbstschußanlagen war noch grausamer als der gezielte Todesschuß. Viele Flüchtlinge verbluteten, verendeten wie angeschossene Tiere. Mit der Gründung der DDR im Jahre 1949 begann auch das Sterben an der Grenze.

Adolf Wieczorek (geb. 12.5. 1910), gestorben 11.1.1949

. Abteilung
Grenzpolizei u. Bereitschaften
Land Thüringen
Referat G 2

Durchgang G/Sekr. an Ref. G. ... Kontroll Nr. ...1356

Weimar, den 19.1.1949
.../Nis.

697/54/4913

Bei allen Rückfragen Zeichen und Tagebuchnummer angeben

Bericht.

Betr.: Erschießen des Bürgers Adolf W i e c z o r e k wegen versuchter Flucht nach vollzogenem illegalen Grenzübertritt von West nach Ost.
Bezug: Tätigkeitsbericht vom 12.1.1949

Am 11.1.1949 gegen 7.10 Uhr wurde der Bürger Wieczorek Adolf geb. am 12.5.1910 wohnhaft und polizeilich gemeldet in Kauschen Krs. Cahlau Wolkenbergerstr. Nr. 11 während des illegalen Überschreitens der Zonengrenze von West nach Ost an der Dorschenmühle bei Seibis von einem Posten der sowjetischen Besatzungsmacht durch Abgabe von mehreren Schüssen tödlich verletzt.
Die Streife des Kommandos Seibis - Pol.Anw. Zebdies und Lerche vernahmen die Schüsse und begaben sich sofort zum Tatort, wo ein Angehöriger der sowjetischen Besatzungsmacht bei dem am Boden liegenden o.G. vorgefunden wurde. Pol.Anw. Zebedies benachrichtigte sofort das in Seibis liegende sowjetische Grenzkommando, sowie den Leiter des Grenzpolizeikommandos in Seibis. Vom Kdo. Seibis wurde Dr. Zellfelder aus Blankenstein verständigt. Dr. Zellfelder traf um 7.48 Uhr am Tatort ein und stellte bei W. den Tod durch Lungenschuß und innere Verblutung fest.
Die Grenzpolizei-Kommandantur Wurzbach verständigte den Kreispolizeiposten in Lobenstein, der die Aufhebung der Leiche vornahm.
Nach Freigabe der Leiche wurde dieselbe nach Harra überführt und am 12.1.1949 auf dem dortigen Friedhof beigesetzt.

Bearbeitet:
(S c h u s t e r)
Polizei - Meister

Abteilungsleiter GP/B
(V o g t)
Polizei - Kommandeur

Adolf Wieczorek
Fotoreproduktion: Schaffner

Benito Corghi, gestorben 5.8. 1976

Ministerium für Nationale Verteidigung.
Operative Tagesmeldung Nr. 05/VIII/76.

Geheime Verschlußsache!

[...]
Am 05.08. 1976, gegen 03.40 Uhr, drang ein italienischer Staatsbürger, aus Richtung BRD kommend, ca. 600 m tief in den Grenzstreckenabschnitt der GÜST ein. Er widersetzte sich der Festnahme und wurde flüchtig. Nach Anwendung der Schußwaffe durch den Sicherungsposten festgenommen, wurde der Grenzverletzer wegen vermutlicher Schußverletzung in das Krankenhaus SCHLEIZ überführt. Dort wurde gegen 04.50 Uhr dessen Tod festgestellt. Weitere Ermittlungen führen die zuständigen Organe unter Leitung des MfS. Von 03.40 bis 03.52 Uhr war der grenzüberschreitende Verkehr unterbrochen. Aktivitäten der BRD-Grenzüberwachungsorgane wurden nicht festgestellt.
[...]

André Bauer (geboren 7.10. 1963), gestorben 7.8. 1981

Grenztruppen der Deutschen Demokratischen Republik.
Tagesmeldung Nr. 219/81.

Geheime Verschlußsache!

[...]
Am 07.08. 1981, 08.00 Uhr, erfolgte wegen Versuch des Grenzdurchbruches DDR-BRD nach der Auslösung der Anlage 501 (8 Geräte) ca. 2000 m westlich SORGE die Festnahme der Jugendlichen

1. Bauer, André, geb. 07.10. 1963, wohnhaft: LEIPZIG 703, Armeniushof Nr. 7, Lehrling, B. verstarb am Festnahmeort an den Folgen der Verletzung.
2. Seiptius, Rene, Schüler, geb. 23.06. 1964, wohnhaft: LEIPZIG 703, Triftweg Nr. 8, S. wurde mit mittleren Verletzungen in das Krankenhaus WERNIGERODE aufgenommen.
3. Luoebe, Gido, Schüler, geb. 23.03. 1965, wohnhaft: LEIPZIG 703, Rübezahlweg Nr. 32, unverletzt.

Die Festgenommenen hatten den Grenzsignalzaun ohne Auslösung im Flußbett der WARMEN BODE überwunden. Die Festnahme erfolgte durch einen zur Überprüfung der Auslösung der Anlage 501 eingesetzten Grenzposten. Aktivitäten des Gegners wurden nicht beobachtet. Die Untersuchung führt der K-GR-20 und die Spezialkommission.
[...]

Links:
Benito Corghi
Fotoreproduktion: Schaffner

Unten:
Uwe Dittmann
Fotoreproduktion: Schaffner

Uwe Dittmann (geboren 8.8. 1964), gestorben 22.3. 1985

Grenztruppen der Deutschen Demokratischen Republik.
Tagesmeldung Nr. 081/85.

Geheime Verschlußsache!

[...]
Am 22.03. 1985 gegen 05.16 Uhr, Verhinderung eines gewaltsamen Grenzdurchbruchs des Angehörigen der GSSD
Soldat Kirjukin, Wassili, 24.03. 65
Einheit NORA
mit MPi und 120 Patronen sowie UAZ 469 (Kübel)
durch Sicherungsposten der 8. GK auf der Werrabrücke SPICHRA. Gegen 02.20 Uhr wurde bei der Überprüfung der Ursache der Auslösung eines Signalgerätes südlich der GÜST WARTHA ein Kfz. vom Typ UAZ 469 der Sowjetarmee festgestellt.
Beim Durchbrechen der Abriegelung wurde gegen 04.30 Uhr der
Gefr. Dittmann, Uwe, 08.08. 64
wohnhaft: GOTHA, Str. der Einheit 22
Fernsprechmechaniker im Na.-Zug des II. GB
GT seit: II/83
ledig, FDJ
im Abschnitt 20 südostwärts der alten Transitkontrollstelle der DVB DEUBACHSHOF durch den Täter tödlich verletzt.
Untersuchung durch eine Kommission unter Leitung des Kommandeurs des Grenzkommandos SÜD in Zusammenarbeit mit der Spezialkommission der BV des MfS ERFURT und dem zuständigen MSTA.
[...]

Gut Markusgrün bei Heinersgrün

Fotoreproduktion: Schaffner

Versuch der Rechtfertigung

An dieser Stelle sollen die Äußerungen von Mitgliedern des Nationalen Verteidigungsrates der DDR im Honecker-Prozeß genannt werden:
vergleiche Wochenpost Nr. 53 vom 21. Dezember 1992

„...Rechtsanwalt Mildebrath liest also eine Erklärung seines Mandanten vor. ‚Herr Keßler bedauert, daß er weitere Fragen nicht mehr beantworten wird.' Seine Befürchtungen hätten sich bestätigt, daß dies hier ein politischer Prozeß sei. Wobei dem Chronisten durch den Kopf geht, daß man damit früher in der DDR weniger empfindlich gewesen ist. Aber jedenfalls hat dieser Angeklagte nicht ganz unrecht, wenn er sich über die unwillige Reaktion des Richters ärgert, der seitenlang aus den Protokollen des Verteidigungsrates über den Schußwaffengebrauch vorlas, aber nicht bereit war, die entsprechenden Vorschriften für den bundesdeutschen Grenzschutz vorzutragen, worum der Verteidigungsminister geistesgegenwärtig gebeten hatte. Also, das holt nun sein Verteidiger nach. Er zitiert zunächst aus einem der Dokumente, die der Richter verlesen hatte, danach aus dem Gesetz der Bundesrepublik über den unmittelbaren Zwang, das komischerweise aus dem selben Jahr stammt, in dem die Mauer gebaut wurde. Die Ähnlichkeit ist nicht zu übersehen – und das Publikum verblüfft. Nun ja, die Ähnlichkeit verbirgt schließlich doch einige Unterschiede zwischen hüben und drüben. Aber Herr Keßler hat dadurch den Eindruck bekommen, daß hier nicht fair verhandelt werde, und macht nun von seiner rechtsstaatlichen Befugnis als Angeklagter Gebrauch, demnächst zu schweigen.

Nachdem der Verteidigungsminister sich zurückgezogen hat, wird dieser Montag zum Tag von Fritz Streletz. Er war Sekretär des Nationalen Verteidigungsrates, ist der jüngste der Angeklagten, 66 Jahre alt, sieht aus wie 55, ein General, auch in Zivil. Er will einen Beitrag leisten zur Ermittlung der Wahrheit. Als er das am Anfang seiner schriftlich formulierten Erklärung laut und deutlich sagt, scheinen diejenigen recht zu behalten, die befürchtet oder gehofft hatten, er werde aus der gemeinsamen Front der Angeklagten ausbrechen. Aber Fritz Streletz bricht nicht aus. Einen Schießbefehl hat es nicht gegeben. Er kann das auch sehr eindrucksvoll beschreiben, ob man ihm nun glauben will oder nicht.

Jetzt spricht ein General, ein richtiger General. Da sitzt er vor seinen Richtern und spricht so klar und deutlich, wie er vorher seine Befehle gegeben hat. Und auch so laut. Mühelos kann er den großen Saal mit seiner Stimme füllen und übertönt damit auch noch das Mikrofon, das vor ihm auf dem Tischchen steht. Mir ist das etwas zuviel Geräusch. Ich mag diesen Kasernenhofton eigentlich nicht. Aber, wie gesagt, klar und deutlich. Sag ja und nein und dreh und deutle nicht. Kein parteichinesisches Bürokratendeutsch.

Er will nun einiges richtigstellen, was da falsch ist in der Anklage. Das habe gar nichts damit zu tun, daß er ‚den Tod und die Verletzung jedes Menschen an der Grenze zutiefst bedaure'. Im übrigen sieht er das militärisch. Denn er ist schließlich Soldat. Als solcher behandelt er nun drei Themen. Die Grenze, den Schußwaffengebrauch, die Minenfelder.

Die Grenze sei nicht eine ‚innerdeutsche' gewesen, wie die Staatsanwaltschaft in der Anklageschrift meint, ‚sondern eine durch den zweiten Weltkrieg geschaffene bittere Tatsache', nicht nur die Grenze zwischen Kapitalismus und Sozialismus, sondern auch zwischen zwei mit modernsten Waffen ausgerüsteten und sich feindlich gegenüberstehenden militärischen Blöcken.

Daraus ergibt sich seine Meinung zum Schußwaffengebrauch. Es hätte sich eben nie um eine normale Grenze gehandelt. Ziel sei immer nur die Festnahme von Grenzverletzern gewesen, niemals ihre Tötung. Es habe keinen Schießbefehl gegeben, ‚mit dem die Tötung von Menschen befohlen wurde'. Er belegt das mit Zahlen. In den letzten Jahren, von 1979 bis 1988, seien insgesamt 3600 Grenzverletzer festgenommen worden und dabei hätte man nur in 187 Fällen geschossen, etwa dreißig- bis vierzigmal mit gezieltem Feuer. Es habe keine Faustregel gegeben, ‚Besser der Flüchtling ist tot, als daß die Flucht gelingt'. Er selbst habe gegenüber dem Chef der Grenztruppen öfter das Dauerfeuer kritisiert. Wie viele Tote es in dieser Zeit gegeben hat, das sagt er aber nicht. Das überläßt der General dem Generalstaatsanwalt.

Statt dessen kommt er zu den Minen. ‚Für mich als Soldat war es nie zweifelhaft, daß die DDR berechtigt war, an ihrer Grenze Minenfelder anzulegen. Minenfelder seien militärisches Sperrgebiet, mit überall sichtbaren Warnschildern: Achtung Minen! Lebensgefahr! Davor gab es ein Sperrgebiet von fünf Kilometer Breite.'..."

Die wir gerufen haben

Ausschnitt aus dem Roman „Die wir gerufen haben“ von Jörg Lolland erschienen im Harald Boldt Verlag, Boppard am Rhein 1964:

„...Das Dorf liegt einsam, zur Bahnstation sind es achtzehn Kilometer, und wenn jemand aus der DDR verschwinden will, dann wählt er sich eine andere Ecke. Unser Abschnitt bildet nämlich eine Nase in den Westen. Der Fluchtweg verlängert sich also. Wer wird das schon riskieren.

Zehn-Meter-Streifen, Stacheldraht, Minen, Stacheldraht, so sieht es vorn aus. Und vorher Wachtürme, Doppelstreifen, Kontrollen. Überall sind Signalgeräte eingebaut, mit feinen Drähten, knöchelhoch gespannt. Wenn man die berührt, gibt es einen Heidenkrach.

Die Kompanie hat Hunde, schöne Tiere. Scharf wie Rasierklingen. Meistens sind sie im Zwinger im Objekt. Der Pfleger scheint keine Angst vor den Tieren zu haben. Ist ja auch ausgebildet, in der Hundeführerschule Pretz. Selbst im Käfig springen die Hunde hin und her und knurren und haben ein gesträubtes Fell, wenn man sich an den Maschendraht stellt. Obwohl sie einen doch mit der Zeit kennen müßten.

Wir vom Kommando Grenze machen mehr Dienst als irgendjemand sonst in der Armee. Acht Stunden Streife und dann noch Ausbildung. Waffenreinigen, Belehrungen, Polituntericht, Antreten, Appelle, Sport. Ausgang?

Ja. In die ‚Lustige Ecke‘. Die Offiziere sagen, wir können stolz auf unseren Dienst sein. Aber die sehen den Dienst nur als eine Art Bewährung an. Fronteinsatz sozusagen. Anschließend Beförderung und ein höheres Kommando, in Plauen oder Magdeburg oder gar Leipzig. Dort ist man auf keine ‚Lustige Ecke‘ angewiesen.

Die Unteroffiziere? Die Unteroffiziere sind seltsame Leute. Im Dienst immer per ‚Sie‘ und mit lautem Gebrüll. In der ‚Lustigen Ecke‘ werden sie vertraulich, sagen ‚Du‘, bieten Zigaretten an, geben eine Runde aus. Als hätten sie Angst, Angst vor den Offizieren, Angst vor uns, den Mannschaften.

Die Mannschaften halten die Schnauze. In der ‚Lustigen Ecke‘ natürlich nicht, und auch nicht in der Stube. Vorsichtig muß man trotzdem sein. Im Dienst – stets nur ‚Jawoll‘. Seit sie uns die Radios weggenommen haben, ist die Stimmung mau.

Trauen kann man keinem. Den Mannschaften nicht, den Unteroffizieren nicht und den Offizieren erst recht nicht. Totz zum Beispiel. Ich kenne den, und der kennt mich. Seit Jahr und Tag. Er ist ein Jahr älter als ich, und immer war er mir eine Nasenlänge voraus: in der Straße gehörte er zu den Großen, in der Schule war er eine Klasse über mir, hier ist er Unteroffizier. Im Dienst sagt er natürlich Sie, abends haut er mir auf die Schulter, spricht von ‚alten Freunden‘ und läßt immer meine Mutter grüßen. Totz ist bestimmt einer von den Linientreuen. Er will auf die Arbeiter- und Bauern- Fakultät in Halle, will Ingenieur werden.

Die Mutter ist Verkäuferin im HO, sein Vater ist gefallen. Deshalb hat ihn meine Mutter manchmal mit durchgefüttert, ehe er zur Armee ging. Obwohl ihr das auch nicht leicht fiel.

Totz schafft alles. Der setzt sich immer durch.

Ein Mädel hat er auch, der Totz. Ingrid will Lehrerin werden. Ingrid ist auch aus unserer Stadt. Früher dachte ich einmal, sie würde mein Mädel. Manchmal sind wir miteinander gegangen, ehe Totz dazwischen kam. Jedenfalls mag ich sie. In der FDJ hat sie eine Kulturgruppe, Klampfen und so. Wenn die beiden sich begrüßen, sagen sie ‚Freundschaft'. Totz und Ingrid haben zusammen ein Lied komponiert, er den Text, sie die Melodie. Darin reimt sich Lehrer auf DDR. So heißt es wenigstens, ich habe es nie gehört.

Und ich? Ich bin 20 Jahre alt, fast. Dekorationsmaler. ‚Für In- und Ausland', wie es heißt. Ich war aber noch nicht im Ausland. Werbung – das wäre mein Traum. Das ist mein Traum. Ich befürchte nur, daß es beim Dekorieren bleiben wird. Dazu gelegentlich ein paar Schildchen malen. Gemustert, für tauglich befunden, eingezogen, Kommando Grenze, elfte Kompanie. Zum Gefreiten befördert. Gefreiter Gerhard Gärtner.

FDJ-Mitglied, FDGB-Mitglied. Fußball, Mitglied im ASK Vorwärts. Bloß zum Fußballspielen kommt man nicht. Wenn man Spitzensportler wäre... Bin ich aber nicht.

Nur so zum Spaß Fußballspielen.

Ich habe noch sieben Monate zu dienen. Und ich will mich vorher entpflichten. Das will ich schon lange, und jetzt kann ich es.

Warum ich nach drüben, in den Westen will? Ich weiß das nicht so genau. Weil es dort alles gibt, deshalb jedenfalls nicht. Oder nicht nur. Was weiß ich schon vom Westen? Ich weiß nur, was bei uns nicht stimmt. Daß man nicht hochkommt, wenn man nicht mitspielt. Ich möchte ‚Nein' sagen dürfen, ohne hinterher Angst haben zu müssen. Deshalb. Ist ein bißchen schwierig zu erklären. Immer wenn ich das Wort ‚Kollektiv' höre, kommt mir der Kaffee hoch. Es hängt alles davon ab, wer mit mir zusammen grenzt. Es kommt nur einer in Frage, auf den man sich verlassen kann und der einem nicht eine Ladung auf den Rücken brennt, wenn man gerade im Stacheldraht hängt. Einer, der mitmacht. Einer, der nicht erst begeistert ‚ja' sagt und dann hinterrücks eine Meldung beim FDJ-Sekretär oder beim PK abgibt.

Totz, um den zu nennen, Totz, der Linientreue, der gute alte Schulfreund, auf den die Mutter so große Stücke hält, – was täte dieser Totz? Totz meldet. Knochenhart. Wieder einen Schritt näher zur Arbeiter- und Bauern- Fakultät in Halle. Belobigung vor der Front. Oder täusche ich mich da? Wenn man glaubt, der und der, die sind in Ordnung, dann redet man sich das ein. Beim nächsten Politunterricht aber schreien ausgerechnet die am lautesten: ‚Auch auf nächste Angehörige zu schießen, um einen bewaffneten Grenzdurchbruch zu verhindern, sehe ich als heiligste Pflicht gegenüber unserem sozialistischen Staat an.' Soll man mit denen dann über Flucht reden?

Überhaupt heilig: dieses Wort führen sie immer im Munde. Ich bin kein Kirchenmann. Die wollen ja nur unser Geld, die Pastoren. Ich habe die Jugendweihe, und das ist in Ordnung so. (Die Eltern waren eigentlich dagegen.) Neulich grenzte ich mit Weber. Ich als Postenführer, Weber als mein Mann.

An der dicken Eiche verhielten wir. Die dicke Eiche steht leicht überhöht, von da kann man alles gut sehen, vor allem, ob die Postenkontrolle kommt. Dreißig Meter vor uns der Stacheldraht. Stacheldraht, dann das Minenfeld, dann wieder Stacheldraht. Und dann der Westen.

Der Westen sieht genauso aus wie die DDR. Bäume, Sträucher, Äcker. Wenige Leute. Sonntags stehen manchmal welche am Draht, im eleganten Anzug, möglichst noch mit dicker Zigarre. Wenn sie uns sehen, rufen sie uns etwas zu. ‚Wer Vopo ist, soll sich schämen.' Oder: ‚Jungens, kommt doch herüber.' Oder: ‚Eines Tages zahlen wir es euch heim.' Oder: ‚Schönen Gruß an den Staatsrat.' Ich hasse Leute, die sonntags am Stacheldraht stehen und uns anstarren wie Tiere im Zoo.

Ich stand also mit Weber an der Dicken Eiche. Zigarette?

Weber sagt nein, Nichtraucher na schön.

Weber ist so ein Frommer. Ist sogar konfirmiert. Es heißt in der Kompanie, er bete heimlich.

‚Angenommen' sage ich zu Weber. ‚Angenommen, ich haue jetzt ab. Bloß so angenommen. Was machst du da?'

Weber blickte mich an mit seinen wachsweichen Kinderaugen. „Das darfst du nicht.

„Ich sagte: ‚Weiß ich ja. Aber was machtest du?'

Weber druckste herum. ‚Ich schieße', sagte er dann, ‚führe dich ab und melde dich.' Ganz ernst sagte er das, der Weber, der Christ.

‚Warum ?', fragte ich.

‚Das ist doch der Befehl. Im Römerbrief hat Paulus gesagt, daß jedermann der Obrigkeit untertan sein soll, die Gewalt über ihn hat.'

Ich hätte dem Weber beinahe eine Ohrfeige gegeben, so wütend war ich. Weber hätte natürlich nicht geschossen. Aber er wäre nicht mitgekommen. Und dann hätten sie ihn eingelocht, wegen Begünstigung eines Deserteurs.

Zwei Jahre, schätze ich. Weber fällt also aus. Die meisten fallen aus. Ehefrauen haben sie oder Bräute, invalide Eltern, kleine Geschwister, alleinstehende Mütter. Wer kann sich das schon leisten, einfach abzuhauen?

Scheppernd fällt ein Kochgeschirr zu Boden. Stube sechs macht sich fertig zum Streifendienst. Webers Kochgeschirr natürlich. Ungeschickt ist dieser Mensch! ‚Kannst du mir mal das Kochgeschirr festmachen...', fragt er mich. Immer der Weber. ‚Mit Gott', sage ich und hake den Lederriemen fest. Im Flur gellt eine Trillerpfeife, ihr Schrillen hängt an den Wänden. ‚Fertigmachen zum Dienst', brüllt eine Stimme. Ich greife zur Mütze.

‚Was kostet eigentlich so ein Mercedes?', fragt mich Lemke, während er sich die Hose zuknöpft.

‚Scheiß auf Mercedes', sage ich.

‚Drüben sollen sogar die Bauern einen Mercedes haben', fährt Lemke fort. Er guckt mich dabei merkwürdig an. ‚Hör mal', sage ich ‚Der Strafgefangene Pietsch war bei einem Bauern. Wetten, daß der auch einen Mercedes hatte?'

Lemke schaut mich immer noch merkwürdig an, jetzt ist er offenbar entgeistert.

‚Also', setze ich fort, ‚also kostet ein Mercedes sieben Jahre. Das Anschauen eines Mercedes, meine ich.'

Lemke dreht sich um und pfeift ‚Auferstanden aus Ruinen'. Auch draußen pfeift es wieder. Ja , ja, wir kommen ja schon! Mit wem grenze ich heute eigentlich? Ach so. Mit Lemke.

Mit Lemke? Warum fragte der mich nach dem Mercedes? Entweder weil er abhauen will. Entweder. Oder weil er mich provozieren will. Lemke provoziert gern. Neulich den Unterleutnant Schrapsdorff. ‚Ist es wahr, daß in Westdeutschland die Krautjunker nach wie vor ihr ‚von' im Namen führen?', hatte er gefragt. Schrapsdorff war weiß geworden. Der PK hatte eingegriffen, dieses Problem müßte ein anderes Mal diskutiert werden, es gehörte nicht zur Sache. Aber die meisten waren auch so zufrieden gewesen. Dem Schrapsdorff gönnt man einen kleinen Ärger. Wir stellen uns im Flur auf. Der Innendienstleiter verliest die Namen. Meldet dem Unterleutnant. Der Unterleutnant läßt uns Stillstehen. Kampfauftrag. Parole ‚Patrone-Pirna'. Vergatterung. Zehn Sekunden lang Friedhofsstille. Dann treten wir weg. Lemke steht neben mir.

‚Los', sage ich, ‚auf geht's!'

‚Hast du eigentlich einen Trabant?', fragt Lemke.

‚Wieso?'

‚Weil du keinen Mercedes haben willst.'

Ich sage gar nichts.

An sich ist Lemke ein ordentlicher Kerl. Sportlich, klug. Schüler einer erweiterten zwölfklassigen polytechnischen sozialistischen Oberschule. So heißt das. Früher einfach Humboldtgymnasium, hat mir mein Vater erzählt. Das ist mir egal. Ich bin Dekorationsmaler. Wenn die Armee nicht dazwischengekommen wäre, hätten sie mich nach Budapest geschickt. Aufbau eines Messestandes. In Leipzig habe ich schon Messestände dekoriert.

Kurz nach der Eröffnung, damals, im Herbst vorigen Jahres, hatte ich an ‚meinem' Stand noch gearbeitet. Ich war mit ein paar Drapierungen nicht rechtzeitig fertig geworden, weil die Stoffe erst in allerletzter Minute geliefert worden waren. Im Mund ein Dutzend Nadeln, in der Hand den Stoff, unter dem Arm eine Leiste.

‚Na junger Mann, ist das ihr Werk?', hatte mich ein Herr im Fischgräten-Ulster gefragt. Ein nobler Herr, das sah man gleich. Ich hatte genickt. ‚Sehr ordentlich, sehr ordentlich. Wünschte, daß unsere jungen Leute so gut arbeiteten. Sind sie aus dem Werbefach?'

‚Nein, aber ich möchte einmal Werbefachmann werden', sagte ich.

‚Wenn Sie mal nach Dortmund kommen – Konrath ist mein Name. Ich bin für Sie zu sprechen.' Weg war er, der Herr im Fischgräten-Ulster. Ich hielt eine kleine Visitenkarte in den Händen. Gleich darauf war einer von der Messeleitung aus dem Nebenstand gekommen.

‚Was wollte der ?', hatte der von der Messeleitung gefragt. ‚Der ?' Ich hatte mit den Schultern gezuckt. ‚Wo die Firma Mipa ist. Wußte es nicht.'

Der von der Messeleitung hatte komisch geblinzelt, dann war er wieder in seiner Koje verschwunden. Und ich hexte die schönen Stoffe an die Koje des, VEB Fortschritt, Glas, Keramik und Porzellan'.

‚Woran denkst du Gärtner?'

Ich drehe mich nach Lemke um, daß die Kalaschnikow gegen das Kochgeschirr klappert. ‚An den Mercedes!'"

2d Armored Cavalry Regiment

TOUJOURS PRET - ALLZEIT BEREIT

Durch die amerikanischen Streitkräfte in Deutschland wurden das 11. und 2. Panzeraufklärungsregiment und ein Panzeraufklärungsbataillon der 3. Infanteriedivision (Marne) an der Grenze zur DDR und CSSR, im Bundesland Hessen und dem Freistaat Bayern eingesetzt.

Der Einsatzabschnitt des 2. Panzeraufklärungsregiment erstreckte sich an der ehemaligen Grenze in Nordbayern zur DDR und weiter entlang der Grenze zur CSSR. Für ihre Grenzeinsätze nutzten die Amerikaner sogenannte Border Camps. In bestimmten Zeitabständen wurden die Besatzungen, meist in Kompaniestärke, ausgetauscht. Solche Camps befanden sich unter anderem in Coburg und Hof. Vom

Camp entsandte man Aufklärungstrupps an die Grenze. Sie konnten mit Kübelwagen ausgerüstet sein. An markanten Geländepunkten wurde ein Beobachtungshalt eingelegt. Mit Hilfe hochempfindlicher Nachtsichtgeräte konnten die geringsten Veränderungen an der Grenze festgestellt werden. Zur Dokumentation war entsprechende Fototechnik vorhanden. Die Bundesstraße 2 nordwestlich von Hof war ein besonders interessanter Abschnitt für die militärische Aufklärung seitens der Amerikaner. Auch Ausbildungshandlungen wurden im grenznahen Raum durchgeführt. Dies traf auf die Region um NORDHALBEN, LICHTENBERG und GEROLDSGRÜN zu. Für die Einweisung ihrer Kameraden an der Grenze nutzte man oft die Panoramastraße entlang der Saale und die Ortschaft Mödlareuth.

Der Stab des Regiments befand sich in Nürnberg. Es verfügte über eine lange Tradition. Seit 1836 befand sich das 2. Armored Cavalry Regiment der US Calvary kontinuierlich im aktiven Dienst. Aus der jüngeren Geschichte ist bekannt, daß es Bestandteil des VII. Armeekorps und der NATO war. Es unterstand der direkten Befehlsgewalt des Präsidenten der Vereinigten Staaten von Amerika.

Bestandteil der Struktur eines Panzeraufklärungsregiments waren u. a. drei Panzeraufklärungsbataillone. Jedes dieser Bataillone verfügte über drei Panzeraufklärungskompanien und eine Panzerkompanie. Neben weiteren Einheiten existierte ein Hubschrauberunterstützungsbataillon. Dieses setzte sich aus drei Luftaufklärungskompanien, einer Transporthubschrauberkompanie und zwei Kampfhubschrauberkompanien zusammen.

Zur Ausrüstung des Regiments gehörten im wesentlichen:

- SFL-Haubitzen M 109
- Geschoßwerfer M 91
- Granatwerfer M 30
- Panzer M 1
- Aufklärungsfahrzeuge M 3
- Minenlegegerät M 128
- Panzerabwehrlenkrakete „Dragon"
- Kampfhubschrauber AH 1 S „Huey Cobra"
- Aufklärungshubschrauber OH 58 C „Kiowa"
- Spezialhubschrauber EH 1 H
- Mehrzweckhubschrauber UH 60 A „Black Hawk"

Das Regiment nahm am Golfkrieg 1991 teil. Am 15. Juli 1992 kehrte es in die USA zurück.

Bundesgrenzschutz (BGS)

In seinem Buch „WIR TRAGEN DEN ADLER DES BUNDES AM ROCK ...“, erschienen im Fiedler-Verlag Coburg, bezeichnet Hans-Jürgen Schmidt den 16. März 1951 als die Geburtsstunde des BGS. An diesem Tag trat das 1. Gesetz über den Bundesgrenzschutz in Kraft.
Als Aufgabe formulierte man im Paragraph 2:
- das Bundesgebiet gegen verbotene Grenzübertritte zu sichern insbesondere durch die Ausübung der Paßnachschau
- das Bundesgebiet gegen sonstige Störungen der öffentlichen Ordnung im Grenzgebiet – bis zu einer Tiefe von 30 km – zu sichern, soweit diese Störungen die Sicherheit der Grenzen gefährden.

Dem Bundesministerum des Innern unterstellt, verfügte der BGS über mehrere Grenzschutzkommandos entlang der Grenze zur DDR und anderen Staaten. So existierte in München das Grenzschutzkommando SÜD (heute Grenzschutzpräsidium SÜD). Diesem unterstanden die Grenzschutzgruppen 1. und 2. Eine Grenzschutzgruppe umfaßte mehrere Grenzschutzabteilungen.

Aus dem Jahr 1955 ist bekannt, daß der Grenzschutzgruppe 2 folgende Abteilungen unterstanden:

III. Grenzschutzabteilung Abschnitt Bad Neustadt,
II. Grenzschutzabteilung Abschnitt Coburg,
I. Grenzschutzabteilung Abschnitt Hof

Strukturelle Veränderungen sicherten den Grenzschutzabteilungen ab 1974 mehr Selbstständigkeit zu. Die Grenzschutzgruppen entfielen. Dem jeweiligen Grenzschutzkommando wurden die Abteilungen direkt unterstellt.

So wurden die Aufgaben der Grenzüberwachung an der Grenze zur DDR im Landkreis Coburg und im Landkreis Kronach durch die Grenzschutzabteilung SÜD 2 COBURG wahrgenommen. In südöstlicher Richtung schloß sich die Grenzschutzabteilung SÜD 3 BAYREUTH an. Sie war für die Grenzüberwachung an der Grenze zur DDR im Landkreis Kronach etwa auf Höhe der Ortschaft Tschirn bis zur Kreisgrenze Kronach/Hof und im Landkreis Hof verantwortlich. Zur Ausbildung von Beamten des BGS verfügte der Standort Coburg über eine Ausbildungsabteilung, die auch heute noch existiert.

Erlasse des Bundesinnenministeriums regelten die Grundsätze der Grenzüberwachung. In einer Rahmenanweisung für den Streifendienst an der SBZ-DL und Grenze zur CSSR vom 04. September 1959 waren beispielsweise 3–8 Stunden Dauer für eine Streife festgelegt. Acht BGS-Beamte konnte die Stärke einer Grenzstreife umfassen. Neben einem Kraftfahrzeug war folgende Ausrüstung möglich:
- Karte
- Kompaß
- Dienstfernglas
- Schreibzeug
- Fotoapparat
- Tarn-/Sprechtafel
- Pistole/Signalpistole
- Karabiner/FN-Gewehr

Die Länge des Grenzabschnittes der Grenzschutzabteilung Coburg betrug 198 Kilometer. Innerhalb von 24 Stunden wurden durchschnittlich 6 Streifen eingesetzt.

Neben der Grenzüberwachung konnten in Abhängigkeit der jeweiligen Lage die Stufen Grenzsicherung und Grenzschutz eingenommen werden.

Nach der Wiedervereinigung gab es zahlreiche Veränderungen beim BGS. So mußte die Grenzüberwachung an der Grenze zu Polen und zwischen dem Freistaat Sachsen und der Tschechischen Republik organisiert werden. Das Ansteigen der Zahl der Asylbewerber und Übersiedler stellte für den BGS eine neue Herausforderung dar. Die Lösung bahnpolizeilicher Aufgaben und die Überwachung der Flughäfen nimmt heute einen gebührenden Stellenwert in der Tätigkeit des BGS ein.

Grenzzolldienst

Bereits im September 1945 existierte in Niedersachsen ein Zollgrenzschutz. 1946 wurde im Freistaat Bayern mit dem Aufbau eines Grenzzolldienstes begonnen. Es handelte sich zunächst um eine Spezialorganisation der bayerischen Landesgrenzpolizei. Alle Schritte zur Bildung einer solchen Spezialorganisation erfolgten auf Weisung der damaligen amerikanischen Militärregierung. Das Schwergewicht der Tätigkeit des Grenzzolldienstes lag in den Anfangsjahren in der Überwachung des Verkehrs mit Vermögenswerten zwischen der BRD und den angrenzenden Staaten, so auch der DDR. Neben den eingerichteten Grenzkontrollstellen an Grenzübergängen existierten weitere Grenzkontrollstellen. Durch die Ministerratsverordnung der DDR vom Mai 1952 wurde jedoch der Personen- und Warenverkehr stark eingeschränkt.

Bis 1989 oblag dem Grenzzolldienst auch die Überwachung des Durchgangsgüterverkehrs von und nach Westberlin. So galt es, das Verplombungsgesetz durchzusetzen.

Außerhalb der zugelassenen Übergangsstellen wurde an der Grenze zur DDR der Grenzaufsichtsdienst durchgeführt. Er erfolgte innerhalb der „Einsatzabschnitte" der Hauptzollämter und der Zollkommissariate. Der Dienst erfolgte als Streifen- und als Postierungsdienst. Dazu waren Streifenwege und Postierungspunkte festgelegt.

Der Dienst konnte zu Fuß, mit Fahrzeug oder Diensthund durchgeführt werden. Im Abschnitt der Oberfinanzdirektion Nürnberg war auch Streifendienst mit den Aufklärungskräften der US-Armee üblich. An der Grenze zur DDR unterstanden dem Hauptzollamt Bamberg die Zollkommissariate:

COBURG
NEUSTADT bei Coburg
KRONACH
und LUDWIGSSTADT.

Zum Hauptzollamt HOF zählten entlang der innerdeutschen Grenze die Zollkommissariate NAILA und HOF.

Jedes Zollkommissariat verfügte über mehrere Grenzaufsichtsstellen.

Zur Bewaffnung und Ausrüstung eines Zollkommissariates gehörten Pistolen, Maschinenpistolen, Gewehre, PKW, Kleinbusse, Sprechfunkgeräte, Beobachtungs- und Dokumentationstechnik und Diensthunde.

Bayerische Grenzpolizei

Auf der Grundlage einer Verordnung der amerikanischen Militärregierung vom 15. 11. 1945 begann die Bayerische Grenzpolizei in den Nachkriegsjahren den polizeilichen Schutz der Landesgrenzen des Freistaates zu gewährleisten. Dazu zählte auch die Demarkationslinie zur sowjetischen Besatzungszone und spätere Grenze zur DDR. In einem Informationsblatt über Bayerns Landesgrenze zur DDR wurden die Aufgaben der Grenzpolizei folgendermaßen formuliert:

- die polizeiliche Überwachung und der Schutz der Grenzen
- die polizeiliche Kontrolle des grenzüberschreitenden Verkehrs, auch auf den Flughäfen
- die Beseitigung von Störungen und die Abwehr von Gefahren, die ihren Ursprung außerhalb des Bundesgebietes haben
- im Grenzgebiet bis zu einer Tiefe von 30 km (Grenzbereich) die Beseitigung von Störungen, die die Sicherheit der Grenzen beeinträchtigen

Die Überwachung der grünen Grenze zur DDR erfolgte durch routinemäßigen Streifendienst. Dabei waren auch allgemeine Polizeiaufgaben wahrzunehmen. Die Einsatzplanung erfolgte nach Postierungspunkten. Eine Streife konnte durchaus einen 30 Kilometer breiten Abschnittsstreifen überwachen. Einer Inspektion waren mehrere Stationen zugeordnet.

Inspektion LUDWIGSSTADT:	Polizeistation Mitwitz
	Stockheim
	Pressig
	Tettau
	Ludwigsstadt
	Reichenbach
	Tschirn
	Nordhalben
Inspektion HOF:	Polizeistation Bad Steben
	Berg
	Töpen
	Trogen
	Regnitzlosau
	Rudolphstein-Autobahn
	Hof Bahnhof

(vergleiche: Bayerische Grenzpolizei Eine Spezialpolzei stellt sich vor Teil 1 Nr. 5/6 November 1982 Seite 11)

Das Bayerische Staatsministerium des Innern hatte für den bayerischen Grenzbereich zur DDR den „Grenzbeauftragten in Coburg" bestellt. Er nahm seine Aufgaben in Personalunion mit der Leitung der Grenzpolizeiinspektion Coburg wahr. Schwerpunkt seiner Aufgaben waren:

- Koordinierung der Maßnahmen der Katastrophenschutzbehörden nach den Vereinbarungen zur Schadensbekämpfung an der Grenze zwischen der BRD und der DDR
- Mitwirkung in überörtlicher Leitung örtlicher Grenzkommissionen
- Zusammenarbeit mit den benachbarten (Verwaltungs)-Behörden, dem BGS und der Zollverwaltung
- Verhandlungen mit den (Grenz)-Behörden der DDR, soweit solche im Vertrags-Vereinbarungsrahmen angeboten und/oder notwendig worden.

Diese Zuständigkeiten konnten wegen ihrer teilweisen Abhängigkeit von der Kooperationsbereitschaft der DDR-Grenzbehörden nicht immer voll ausgeschöpft werden. Dennoch waren seit dem Grundlagenvertrag (1972), vor allem aus den Arbeitsergebnissen der Grenzkommission, einige positive Ansätze festzustellen.

Der Informationsaustausch in „Katalogfällen" erfolgte über die Grenzinformationspunkte (GIP); er war nur in den seltensten Fällen als Direktgespräch möglich.

(vgl.: Teil 2 Bayerische Grenzpolizei Eine Spezialpolizei stellt sich vor Februar 1983 Seite 22)

Seit 1989 haben sich auch in der Bayerischen Grenzpolizei Veränderungen vollzogen. Einen Schwerpunkt bildet die Überwachung der mittlerweile offenen grünen Grenze zur Tschechischen Republik.

Jeep M 151 A 2 der US-Armee (Panzeraufklärungsregiment Nürnberg) Deutsch-Deutsches Museum Mödlareuth

Foto: Hermann

Beamter der Bayerischen Grenzpolizei auf Streife zwischen Münchenreuth und Mödlareuth

Foto: Schaffner

Angehörige der amerikanischen Streitkräfte bei der Fotodokumentation an der Grenze bei Blankenstein

Foto: Schaffner

Postierungspunkt des Grenzzolldienstes bei Unterhartmannsreuth Landkreis Hof
Foto: Hermann

Postierungspunkt des Grenzzolldienstes bei Lauenstein Landkreis Kronach
Foto: Hermann

Angehörige des Grenzzolldienstes vor dem Einsatz
Foto: Archiv Hauptzollamt Hof

Angehörige des Bundesgrenzschutzes bei Fotodokumentationsarbeiten an der Mündung der Selbitz in die Saale bei Blankenstein

Foto: Schaffner

Standortverteilung Grenzregiment Plauen August 1989

Standort Plauen

Schöpsdrehe: Stab des Regiments

- Stabseinheiten wie Stabskompanie und Nachrichtenkompanie
- Regimentsmedpunkt
- Kfz-Werkstatt und Instandsetzungszug
- Lager für Bekleidung und Ausrüstung
- Lager des Pionierdienstes
- Lager des Verpflegungsdienstes
- MfS u. a. Verwaltung 2000
- Stab des III. Grenzbataillons

Standort Ruppersdorf: Truppenübungsplatz
versorgungsmäßig teilweise dem GR Plauen angeschlossen

Standort Röttersdorf Ochsendelle: Ferienheim
versorgungsmäßig teilweise dem GR Plauen angeschlossen

Standort Zschachenmühle: Stab des I. Grenzbataillons
Kompanie zur Sicherstellung der Grenzsicherung
Unterkunftsabteilung MfS u. a. Verwaltung 2000 und Grenzbeauftragte

Standort Lehesten: 1. Grenzkompanie

Standort Brennersgrün: 2. Grenzkompanie

Standort Rodacherbrunn: 10. Grenzkompanie

Standort Schlegel: 3. Grenzkompanie

Standort Blankenstein: 4. Grenzkompanie

Standort Harra: 11. Grenzkompanie

Standort Birkenhügel: 12. Grenzkompanie

Standort Göritz: Grenzübergangsstelle
mit Sicherungskompanie

Standort Göttengrün: Stab des II. Grenzbataillons
Kompanie zur Sicherstellung der Grenzsicherung Pionierkompanie des Regiments
MfS u. a. Verwaltung 2000 und Grenzbeauftragte

Standort Hirschberg: 5. Grenzkompanie

Standort Juchhöh: 6. Grenzkompanie

Standort Gutenfürst: 7. Grenzkompanie
Grenzübergangsstelle mit Sicherungszug

Standort Wiedersberg: 8. Grenzkompanie

Standort Posseck: 9. Grenzkompanie, 13. Grenzkompanie

Standort Eichigt: Reserveobjekt

Reformierungsversuch

Im Mitteilungsblatt aktuell des Kommandos der Grenztruppen 04/90 war zu lesen:
„...Ministerrat beschloß Veränderungen im Grenzregime und die Formierung des Grenzschutzes der DDR

In einem Beschluß, den der Ministerrat der DDR am 2. März 1990 faßte, heißt es u. a.:

1. In Übereinstimmung mit Artikel 7, Absatz 1 der Verfassung der DDR ist die territoriale Integrität und die Unverletzlichkeit der Staatsgrenze der DDR zu gewährleisten.
   Das erfordert die Durchsetzung der Ordnung und Sicherheit an der Staatsgrenze und im grenzüberschreitenden Verkehr gemäß den geltenden Rechtsvorschriften.
   Das Grenzregime ist so zu gestalten, wie dies zwischen Staaten mit gutnachbarlichen Beziehungen üblich ist und in enger Zusammenarbeit der zuständigen zentralen und örtlichen Staatsorgane sowie in Sicherheitspartnerschaft mit allen interessierten gesellschaftlichen Kräften durchzusetzen.
2. Aus den Führungsorganen, Einheiten und Einrichtungen der Grenztruppen der DDR, einschließlich der Grenzbrigade KÜSTE und der Paßkontrolle, ist ein einheitliches, zentral geführtes und territorial strukturiertes, ziviles Grenzschutzorgan der DDR zu formieren und bis zum 31. 12. 1990 in den Bestand des Ministeriums für Innere Angelegenheiten einzugliedern...
   Die dafür notwendigen Festlegungen und Übergangsbestimmungen sind durch den Minister für Nationale Verteidigung im Einvernehmen mit dem Minister für Innere Angelegenheiten zu treffen.
   Regelungen für personelle Entscheidungen müssen sozial vertretbar sein.
3. Der Minister für Innere Angelegenheiten hat in Zusammenarbeit mit dem Minister für Nationale Verteidigung die Änderung des Gesetzes über die Staatsgrenze vorzubereiten und das Gesetz über den Grenzschutz auszuarbeiten, in dem die Aufgaben, Befugnisse, Struktur und Führung des Grenzschutzorgans sowie das Dienstverhältnis zu regeln sind...
4. Die Umbenennung der Grenztruppen der DDR in Grenzschutz der DDR erfolgt mit Inkraftsetzung des Gesetzes über den Grenzschutz der DDR.
   Bis zu diesem Zeitpunkt behalten die gegenwärtigen Rechtsvorschriften und administrativen Bestimmungen für die Tätigkeit der Grenztruppen der DDR und ihre personelle, materielle und finanzielle Sicherstellung weiterhin Gültigkeit.
5. Der Beschluß tritt mit sofortiger Wirkung in Kraft..."

links:
Abbau des Beobachtungsturmes „Saalebrücke“ an der Saale bei Blankenstein/Kreis Lobenstein. Dieser ist heute im Freigelände des Deutsch-Deutschen Museums Mödlareuth aufgestellt.
Foto: Schaffner

unten:
Am 9. Dezember 1989 wurde ein Grenzübergang in dem über mehrere Jahrzehnte geteilten Dorf Mödlareuth geöffnet.
Foto: Schaffner

Mit schwerer Technik erfolgte der Abbau der vorhandenen Sperranlagen (Mai 1992 bei Grumbach/Landkreis Lobenstein).

Foto: Hermann

In der ehemaligen Grenzkompanie Hirschberg befindet sich heute ein Wohnhaus für Senioren.

Foto: Hermann

Von 1966 bis 1990 existierte die Grenzübergangsstelle Hirschberg. Die Autobahn A 9 München–Berlin ist eine Hauptverkehrsader vom Süden nach dem Norden. Durch die DDR wurde ein entsprechendes Grenzregime betrieben, um eine lückenlose Kontrolle der Einreise/Ausreise zu schaffen.
Aus Richtung Obersachsenvorwerk (BRD) bot sich dem Betrachter dieses Bild.
Nach dem Passieren der Saalebrücke in die DDR nahm der Benutzer der Autobahn eine Stele mit dem Emblem der DDR wahr. Links von ihm befand sich ein Beobachtungsturm am sogenannten „Rondell". Der hier eingesetzte DDR-Posten konnte sowohl den Grenzstreckenabschnitt, wie auch die Grenzkontrollstelle Rudolphstein auf BRD-Seite einsehen. Gleichzeitig war es für ihn möglich festzustellen, ob jemand rechts der Grenzübergangsstelle, in Richtung BRD gesehen, einen illegalen Grenzübertritt vornehmen wollte.
Übersichtstafeln informierten den Einreisenden darüber, in welcher Spur er sich einzuordnen hatte (Einreise DDR: PKW, Transit Westberlin: PKW, LKW, Busse). Danach erfolgte eine sogenannte Vorkontrolle. Hier mußten die Dokumente, die zum Grenzübertritt berechtigten, abgegeben werden, die er bei der eigentlichen Kontrolle, wenn es keine Beanstandungen gab, zurückerhielt. Danach konnte er seine Reise fortsetzen.
In ähnlicher Art und Weise war die Abfertigung auch bei der Ausreise aus der DDR. Bereits auf Höhe der Anschlußstelle Schleiz wurde der Benutzer der Autobahn darüber informiert, daß hier die letzte Abfahrt vor dem Grenzgebiet war.
In Höhe der Ortschaft Blintendorf erfolgte die Kontrolle durch Angehörige der Deutschen Volkspolizei:
a) ob die Genehmigung zum Betreten und Befahren des Grenzgebietes vorlag
b) ob der Kontrollierte berechtigt war, die Grenze zu passieren.

Auf Höhe der Ausfahrt Göritz wurde der Benutzer der Autobahn darauf hingewiesen, daß sich hier die letzte Ausfahrt auf DDR-Gebiet befindet.
Versuche, die Grenzübergangsstelle gewaltsam zu durchbrechen, wurden durch entsprechende Sperranlagen verhindert.
In diesem Fall mußte der sogenannte Glashausposten (im Bild rechts) entsprechende Handlungen ausführen. Unter anderem wurde die Fahrbahn mit einer Barriere auf Schienen gesperrt. (Im Bild links auf Höhe des PKW's im Vordergrund, siehe vorangegangene Seite)

Ausbau der Bundesautobahn A 9 München-Berlin im Bereich der ehemaligen Grenzübergangsstelle Göritz.

Foto: Hermann

Trabis beherrschen die Szene am Blosenberg in Richtung Ullitz. Am Sonntag, dem 12. November 1989 öffnete sich hier die Grenze. Die B 173 von Plauen nach Hof war wieder durchgehend befahrbar.

Foto: Schaffner

Das Ende

Reisepaß und Personalausweis behielten, obwohl der Staat DDR nicht mehr existierte, bis 31. 12. 1995 ihre Gültigkeit.

Die Währung der DDR wurde im Juli 1990 als Zahlungsmittel ungültig und 2:1 abgewertet.

Verwendung der Kasernen des Grenzregiments Plauen Stand September 1995

Schöpsdrehe:	Gebäudesubstanz wird durch TOYOTA-Autohaus, Möbel-Maier und weitere Firmen genutzt.
Ruppersdorf:	Hier wurde ein ABM-Stützpunkt eingerichtet.
Röttersdorf Ochsendelle:	Es ist keine Nutzung bekannt.
Zschachenmühle:	Der Kfz-Park wird durch eine Baufirma genutzt. Alle anderen Gebäude stehen leer.
Lehesten:	Seit dem 20. Mai 1992 wird die Kaserne wieder als Dachdeckerschule genutzt.
Brennersgrün:	Am 20. April 1993 trafen hier die ersten Asylbewerber ein. Betreiber ist der Landesverband Thüringen des Deutschen Roten Kreuzes.
Rodacherbrunn:	Aus- und Übersiedler haben hier eine vorläufige Heimstätte gewonnen.
Schlegel:	Ein Teil der Gebäudesubstanz wird durch ein Speditionsunternehmen genutzt.
Blankenstein:	Bis Dezember 1993 waren in der Kaserne Asylbewerber untergebracht. Gegenwärtig befindet es sich in treuhänderischer Verwaltung.
Harra:	Zum Teil für kulturelle Zwecke werden die Gebäude der ehemaligen Grenzkompanie Harra genutzt.
Birkenhügel:	Hier sind ebenfalls Aus- und Übersiedler untergebracht.
Göritz:	Eine Grundschule befindet sich im Objekt der ehemaligen Sicherungskompanie.
Göttengrün:	Garagen und Lagerhallen sind angemietet. Das Hauptgebäude wird nicht genutzt.
Hirschberg:	Hier befindet sich das Hirschberger Senioren-Wohnhaus.
Juchhöh:	Ein Übergangswohnheim des Deutschen Roten Kreuzes beherbergt die ehemalige Grenzkompanie Juchhöh.
Gutenfürst:	Gebäude der Grenzkompanie soll als Eurobegegnungsstätte genutzt werden. Die Einrichtung einer Erinnerungsstätte an den ehemaligen Grenzbahnhof Gutenfürst ist ebenfalls vorgesehen.
Wiedersberg:	Gegenwärtig wird die Gebäudesubstanz nicht genutzt.
Posseck:	Ein Teil der Kasernenanlagen dient zur Unterbringung von Asylbewerbern.
Eichigt:	Hier befindet sich der Bauhof der Gemeinde.

W
S
Bez. Gera
Krs. Schleiz
Reuth
SCHÖNLIND
REUTH
12 (Straßberg)
Spielmes
Rothenacker
Reinhardtswalde
Dehles
18
MISSLAREUTH
Grobau
Rohrweg
Haidefeld
Gebersreuth
Straßenreuth
MÜNCHENREUTH
MÖDLAREUTH
Mödlareuth
(Stöckigt)
GÜST
BRD
Reg.-Bezirk Oberfrank
Kreis H O F
Unter-